中高生からの平和憲法Q&A

高田健　舘正彦

晶文社

本文イラスト：大島史子
ブックデザイン：Malpu Design（星野槙子）

はじめに

２０１０年5月18日、日本国憲法の改正手続に関する法律（改憲手続法）が施行されました。同法が参議院で可決された２００７年5月当時から、この法律には反対の声が強く、また「いま憲法改正をする緊急性はない」という世論も強かったので、同法が改憲案の議論をする場と定めている「憲法審査会」も、２０１１年6月現在いまだ国会にできておりません。しかし、同法が施行されたということは、もしも改憲案が国会の両院の3分の2以上の賛成を得て承認されたら、国民投票（憲法第96条）が行われることになります。その場合の投票権者は、同法では「18歳以上の国民」を想定しています。中高生の皆さんは間もなく、この憲法改正国民投票の際の有権者となります。

その場合、憲法について知っておかないと、国民投票で改憲案に賛成するか、反対するかを決めることができません。

いま、改憲をしようとする人びとが一番変えたいと考えているのは、平和憲法と呼ばれる日本国憲法の前文や第9条などの「平和条項」、とりわけ第9条です。この国の政府は、2009年に自民党中心から民主党中心に変わりましたが、日米安保条約を軸とした「日米同盟」体制を最優先させ、米国と財界の要請にしたがって、「国際平和の維持」の旗印のもとに、北東アジアはもとより、グローバルな範囲で米国とともに「戦争のできる国」になることをめざして、さまざまな準備を整えつつあります。その前に立ちふさがっているのが「平和憲法」です。

そこで、この本は憲法全体をとりあつかいながらも、とりわけ平和憲法について詳しく書いてあります。

著者の2人は憲法学者でも、法律の専門家でもありません。

長年にわたって、戦争に反対し、平和を実現するための市民運動に関わってきた者です。そうした立場から、とりわけ次代を担う中高生の皆さんに、とりあえず平和憲法を知ってもらいたいとの願いで、この本を編みました。

私たちは、みなさんの努力によって、日本が憲法第9条を変えて、ふたたび戦争をする国にならないことを心から願っております。

2011年6月

高田健

中高生からの平和憲法Q&A 目次

第1章

憲法Q&A

全文掲載 日本国憲法

朕《ちん》は、日本国民の総意《そうい》に基《もとづ》いて、新日本建設の礎《いしずゑ》が、定まるに至《いた》つたことを、深くよろこび、枢密顧問《すうみつこもん》の諮詢《しじゆん》及び帝国憲法第七十三条による帝国議会の議決を経た帝国憲法の改正を裁可《さいか》し、ここにこれを公布せしめる。

御名御璽《ぎよめいぎよじ》

昭和二十一年十一月三日

Q1 憲法とは？

A1 憲法は、国家が存立するための基本的条件を定めた最高法規です。

「最高」というところが重要です。憲法第10章第98条において、「この憲法は、国の最高法規であつて、その条規に反する法律、命令、詔勅[※1]及び国務に関するその他の行為の全部又は一部は、その効力を有しない」と定めています。最高裁判所には違憲審査権が認められていますが、違憲審査権とは、憲法よりも下位の規範である法律（国会が制定する）や命令・処分（行政機関が発する）や条例（地方自治体が制定する）などが憲法に違反しないかどうかを審査し、違反する場合はこれらを違憲無効と判断することのできる権限です。

つまり、憲法はもっとも上位にある法規（最高法規）、模範、

※1 詔勅《しようちよく》
詔書《しようしよ》や勅書《ちよくしよ》など、天皇の発する公式文書の総称。

内閣総理大臣兼外務大臣　吉田《よしだ》 茂《しげる》
国務大臣　男爵《だんしゃく》 幣原《しではら》喜重郎《きじゅうろう》
司法大臣　木村《きむら》篤太郎《とくたろう》
内務大臣　大村《おおむら》清一《せいいち》
文部大臣　田中《たなか》耕太郎《こうたろう》
農林大臣　和田《わだ》博雄《ひろお》
国務大臣　斎藤《さいとう》隆夫《たかお》
逓信《ていしん》大臣　一松《ひとつまつ》定吉《さだよし》
商工大臣　星島《ほしじま》二郎《にろう》
厚生大臣　河合《かわい》良成《よしなり》
国務大臣　植原《うえはら》悦二郎《えつじろう》
運輸大臣　平塚《ひらつか》常次郎《つねじろう》
大蔵大臣　石橋《いしばし》湛山《たんざん》
国務大臣　金森《かなもり》徳次郎《とくじろう》
国務大臣　膳《ぜん》桂之助《けいのすけ》

あるいは価値判断の基準なのです。

（前文）

日本国憲法

日本国民は、正当に選挙された国会における代表者を通じて行動し、われらとわれらの子孫のために、諸国民との協和による成果と、わが国全土にわたつて自由のもたらす恵沢《けいたく》を確保し、政府の行為によつて再び戦争の惨禍《さんか》が起《おこ》ることのないやうにすることを決意し、ここに主権が国民に存《そん》することを宣言し、この憲法を確定する。そもそも国政は、国民の厳粛《げんしゅく》な信託によるものであつて、その権威は国民に由来し、その権力は国民の代表者がこれを行使し、その福利《ふくり》は国民がこれを享受《きょうじゅ》する。これは人類普遍の原理であり、こ

Q2 日本の憲法の特徴について教えてください

A2

日本国憲法は全11章103条からなっています。その特徴は、いわゆる3原則に見ることができます。日本国憲法の3原則とは「平和主義」、「基本的人権の尊重」、「主権在民」です。日本国憲法が世界的に見ても先駆的だといわれる所以《ゆえん》がここにあります。

この3原則は相互に関連しあっています。

戦時には人権も民主主義も奪われてしまいます。戦争は人権と民主主義を制限し、破壊してはじめて実行できます。平和がなければ、民主主義も人権もありません。ですからこの3つの原則は、そのいずれが欠けても成り立ちません。平和憲法には人権と民主主義が不可欠で、その前提です。

の憲法は、かかる原理に基《もとづ》くものである。われらは、これに反する一切の憲法、法令及び詔勅《しょうちょく》を排除する。

日本国民は、恒久《こうきゅう》の平和を念願し、人間相互の関係を支配する崇高《すうこう》な理想を深く自覚するのであつて、平和を愛する諸国民の公正と信義に信頼して、われらの安全と生存を保持しようと決意した。われらは、平和を維持し、専制と隷従《れいじゅう》、圧迫と偏狭を地上から永遠に除去しようと努めてゐる国際社会において、名誉ある地位を占めたいと思ふ。われらは、全世界の国民が、ひとしく恐怖と欠乏から免《まぬ》かれ、平和のうちに生存する権利を有することを確認する。

われらは、いづれの国家も、自国のことのみに専念して他国を無

Q3 ⟵ A3

基本的人権とはどのようなものですか？

基本的人権とは、人が生まれながらに持っている各種の自然的権利のことです。その内容としては、①**身体の自由**（法律の定める手続きなしに、身体を拘束されたり、逮捕・投獄されたり、あるいは強制労働させられたりしないなど）、②**精神の自由**（思想・良心・信教・学問・言論・集会・結社・表現の自由など）、③**経済活動の自由**（財産活用・職業選択・居住・移転の自由など）、④**法の下での平等**（すべての人権の基盤となるもので、人種・信条・性別・社会的身分または門地[※2]により差別されないなど）、および、⑤**人間らしく生きる権利**などがあります。人間らしく生きる権利を社会権ともいいます。第11条には、「国民は、すべての基本的人権の享有《きょうゆう》を妨げられない。この憲法が国民に保障する基本的人権は、侵すことのできない永久の権利として、現在及び

※2 **門地《もんち》**
家柄や門閥のこと。

視してはならないのであつて、政治道徳の法則は、普遍的なものであり、この法則に従ふことは、自国の主権を維持し、他国と対等関係に立たうとする各国の責務であると信ずる。

日本国民は、国家の名誉にかけ、全力をあげてこの崇高《すうこう》な理想と目的を達成することを誓ふ。

将来の国民に与えられる」とあります。さらに憲法第25条は「すべて国民は、健康で文化的な最低限の生活を営む権利を有する」とあります。憲法前文と第9条(戦争放棄)、第13条(幸福追求権)などを合わせて平和的生存権とする考えもあります。

この基本的人権を守るために、憲法は参政権や請求権を定めています。参政権とは、国民自身が政治に参加して重要な役割を担う権利で、国民の代表を選ぶ選挙権と、代表に立候補する被選挙権があります。請求権とは、権利を侵害されたり不当に不利益を被《こうむ》ったりしたとき、損害の回復を求めて裁判所に訴え、公正な裁判を受ける権利です。

コラム1

憲法を守る義務は誰にあるのか

憲法第99条は権力を行使する公務員に「憲法を尊重し擁護する義務」を課しています。ところが、国民にはそのような義務は課していません。また、憲法第3章「国民の権利及び義務」の条項は、納税、勤労、教育の義務規定以外は、人びとの権利の保障や自由の規定ばかりです。

こうした憲法思想は近代のヨーロッパで、国王主権から人民主権へと移り変わる過程で生まれたものです。憲法は、あくまでも人民が国王たちに支配された時代に戻らないように、人びとを権力から守るために、国家権力を制限するために作られたものなのです。こうした近代立憲主義※3に基づけば、もともと憲法擁護の義務は国民に課されたものではなく、国家に課されたものなのです。

これに関連して、第12条に「この憲法が国民に保障する自由及び権利は、国民の不断の努力によって、これを保持しなければならない」とあ

※3 立憲主義
国家の統治を憲法に基づいて行うという原理。または、支配者による権力の行使を憲法によって制限・拘束しようとする思想および制度のこと。

第１章　天皇

第１条　天皇は、日本国の象徴であり日本国民統合の象徴であって、この地位は、主権の存《そん》する日本国民の総意に基《もと》く。

【天皇の地位と主権在民】

第２条　皇位は、世襲《せしゅう》のものであって、国会の議決した皇室典範《こうしつてんぱん》の定めるところにより、これを継承する。

【皇位の世襲】

第３条　天皇の国事に関するすべての行為には、内閣の助言と承認を必要とし、内閣が、その責任を負ふ。

【内閣の助言と承認及び責任】

第４条　天皇は、この憲法の定め

ることを見落としてはいけません。国民は、国家が憲法を守らない場合に監視し、国家に憲法を守ることを強制していく義務があるのです。

明治時代の大日本帝国憲法は天皇主権の「上からの憲法」で、国民にとってはまさに「押しつけられた憲法」でした。立憲国家の形はとっていましたが、それは立憲主義とは本質的に異なるもので「外見的立憲主義」と呼ばれます。Ⓚ

る国事に関する行為のみを行ひ、国政に関する権能を有しない。
2 天皇は、法律の定めるところにより、その国事に関する行為を委任することができる。
【天皇の権能と権能行使の委任】

第5条 皇室典範《こうしつてんぱん》の定めるところにより摂政《せっしょう》を置くときは、摂政《せっしょう》は、天皇の名でその国事に関する行為を行ふ。この場合には、前条第一項の規定を準用《じゅんよう》する。
【摂政《せっしょう》】

第6条 天皇は、国会の指名に基《もと》いて、内閣総理大臣を任命する。
2 天皇は、内閣の指名に基《もと》いて、最高裁判所の長《ちょう》たる裁判官を任命する。
【天皇の任命行為】

Q4 日本国憲法（現行憲法）と大日本帝国憲法（明治憲法）はどのように違うのでしょうか？

A4 日本国憲法は1946年、大日本帝国憲法は1889年に公布されました。

明治政府は幕末以来の不平等条約を撤廃し、西欧列強に追いつくために文明開化・富国強兵路線をとり、近代化を進めました。その過程で自由民権運動などによって民衆から憲法制定要求をつきつけられ、明治政府は伊藤博文《いとうひろぶみ》らが中心になりプロシア憲法（ドイツ）を模範にして、天皇主権の大日本帝国憲法を制定したのです（欽定憲法[※4]）。

大日本帝国憲法のもとでは、天皇は神聖不可侵で、軍隊の統帥権と政治の統治権を持ち、国会は天皇の立法権を「協賛[※5]」するのみでした。国民は天皇の「臣民」であり、帝国議会の貴族院議

※4 **欽定憲法**
君主によって制定された憲法のこと。

※5 **協賛**
法律・予算を成立させるために事前に帝国議会が与える同意、事後に与える承諾に対する用語。大日本帝国憲法では、法律・予算の制定者は天皇であり、帝国議会は補助者にすぎないという気持ちを表していた。

第7条　天皇は、内閣の助言と承認により、国民のために、左の国事に関する行為を行ふ。
① 憲法改正、法律、政令及び条約を公布すること。
② 国会を召集すること。
③ 衆議院を解散すること。
④ 国会議員の総選挙の施行《しこう》を公示すること。
⑤ 国務大臣及び法律の定めるその他の官吏の任免並びに全権委任状及び大使及び公使の信任状を認証すること。
⑥ 大赦《たいしゃ》、特赦《とくしゃ》、減刑、刑の執行の免除及び復権を認証すること。
⑦ 栄典《えいてん》を授与すること。
⑧ 批准書及び法律の定めるその他の外交文書を認証すること。
⑨ 外国の大使及び公使を接受《せつじゅ》すること。

員は非公選で、衆議院議員は制限された国民による選挙で選出されました。女性に参政権はありませんでした。基本的人権は法律で制限され、さらに非常時には天皇の権限で制限されました。この憲法のもとで、日本は侵略戦争を繰り返し、最終的には日独伊三国同盟を結んで第二次世界大戦に参戦し、自国を含めて世界中の人びとに多大な犠牲を与えて、敗戦に至りました。

一方、日本国憲法は、敗戦でポツダム宣言を受け入れた日本が、連合国軍総司令部（ＧＨＱ）の統治のもとで、民主化と非軍事化の責任を負わされ、大日本帝国憲法の改正手続きにそって議会の審議を経て、１９４６年に公布されました。憲法第１章で、天皇主権ではなく国民主権であることをうたい、絶対主義天皇制と天皇の政治関与を基本的には禁止し、天皇は国の象徴としての役割を持つと定めました。第２章（第９条）で、日本が再び世界の平和の脅威とならないよう、戦争の放棄と戦力の不

⑩　儀式を行ふこと。

【天皇の国事行為】

第８条　皇室に財産を譲り渡し、又は皇室が、財産を譲り受け、若《も》しくは賜与《しよ》することは、国会の議決に基《もとづ》かなければならない。

【財産授受の制限】

保持を定め、第３章（第10〜40条）で国民の基本的人権を大幅に保障しています。

Q5 憲法「前文」とは？

A5 「前文」には主権在民を明確にしながら、この憲法ができた経緯と、平和への決意が示されています。

第一に、第二次世界大戦にいたる日本のアジア・太平洋戦争の敗戦の教訓から、二度と戦争をしない決意が示され、第二に全世界の人びとが平和のうちに生きる権利（平和的生存権）を持つこと、第三に世界から孤立して侵略戦争をしたことを反省し、国際協調を大事にすることを宣言しています。

第2章　戦争の放棄

第9条　日本国民は、正義と秩序を基調とする国際平和を誠実に希求し、国権の発動たる戦争と、武力による威嚇《いかく》又は武力の行使は、国際紛争を解決する手段としては、永久にこれを放棄する。
2　前項の目的を達するため、陸海空軍その他の戦力は、これを保持しない。国の交戦権は、これを認めない。
【戦争の放棄と戦力及び交戦権の否認】

Q6 ◀ A6

象徴天皇制とは?

現在の日本国憲法は、大日本帝国憲法（明治憲法）の改正の手続きを踏まえて、生まれました。そのため日本国憲法の第1章は、大日本帝国憲法にならって「天皇」の章になっています。

比較すると、大日本帝国憲法第1条には「大日本帝国ハ万世一系ノ天皇之《これ》ヲ統治ス」とあり、天皇主権の国家と規定しています。一方、日本国憲法第1条では「天皇は、日本国の象徴であり日本国民統合の象徴であつて、この地位は、主権の存する日本国民の総意に基く」とあり、国民主権を規定しています。

日本は、1945年に15年間にわたるアジア・太平洋戦争の敗戦を迎えました。戦勝国である連合国側では、日本の天皇に対する戦争責任追及の声が高まっていました。しかし、連合国軍最高司令官ダグラス・マッカーサー元帥の占領政策として、天皇制が残されました。残されたとはいっても天皇に国家機関としての権限や行為を生じさせないものでした。これが象徴天皇制です。

敗戦を迎えた日本政府の悲願は国体護持[※6]でしたから、天皇制の存続により、ほとんど混乱もなく米軍の占領政策は成功したのだと考えられています。しかし、現在も在外公館やパスポートに天皇家の紋章である「菊の御紋」が刻まれるなど、大日本帝国の名残《なごり》をとどめ、天皇制を問うことが事実上タブーとされ、君が代の斉唱が各種の行事で強制されるなど、大日本帝国憲法時代を想起させるかのような動きも強まっています。

日本の民主主義は、日本国憲法によって実現されましたが、歴史的に見れば本来、人びとが人権意識に目覚め、戦い取らねばならないものでした。民主主義は当たり前のことではなく、これを守るためには人権尊重の不断の努力が必要なのです。

※6 国体護持
天皇を中心とした秩序を保全すること。

第3章　国民の権利及び義務

第10条　日本国民たる要件は、法律でこれを定める。

【国民たる要件】

第11条　国民は、すべての基本的人権の享有《きょうゆう》を妨げられない。この憲法が国民に保障する基本的人権は、侵すことのできない永久の権利として、現在及び将来の国民に与へられる。

【基本的人権】

第12条　この憲法が国民に保障する自由及び権利は、国民の不断の努力によつて、これを保持しなければならない。又、国民は、これを濫用してはならないのであつて、常に公共の福祉のためにこれ

Q7　憲法「第9条」とはどのようなものですか?

A7　日本国憲法の第2章は、第9条のみで構成されています。

「日本国民は、正義と秩序を基調とする国際平和を誠実に希求し、国権の発動たる戦争と、武力による威嚇《いかく》又は武力の行使は、国際紛争を解決する手段としては、永久にこれを放棄する。2

を利用する責任を負ふ。

【自由及び権利の保持義務と公共福祉性】

第13条　すべて国民は、個人として尊重される。生命、自由及び幸福追求に対する国民の権利については、公共の福祉に反しない限り、立法その他の国政の上で、最大の尊重を必要とする。

【個人の尊重と公共の福祉】

第14条　すべて国民は、法の下に平等であつて、人種、信条、性別、社会的身分又は門地《もんち》により、政治的、経済的又は社会的関係において、差別されない。

2　華族その他の貴族の制度は、これを認めない。

3　栄誉、勲章その他の栄典の授

前項の目的を達するため、陸海空軍その他の戦力は、これを保持しない。国の交戦権は、これを認めない」。これが第９条の条文です。あらゆる戦争を放棄し、さらに軍備を持つことも放棄したのです。非戦・非武装の絶対平和主義を明確に規定しています。

この第９条の源泉は１９２８年に締結された「不戦条約」[※7]と考えられています。

アジア・太平洋戦争の反省から第９条は生まれましたが、現実の日本には世界有数の軍事力を有する自衛隊が存在し、毎年巨額の予算がつぎ込まれています。軍拡競争は脅威と緊張を増大しており、現在、攻撃に対してまったく無防備な原子力発電所を50以上も抱える日本が、軍事力でテロを含む攻撃から市民を守ることは不可能であり非現実的です。

実は、第９条こそが現実的な平和の砦《とりで》なのです。

※7　**不戦条約（「戦争放棄に関する条約」）**
パリで締結されたためパリ条約（協定）、あるいはパリ不戦条約と呼ぶこともある。第一次世界大戦の反省に立って、悲惨な戦争を繰り返さないために締結された多国間条約で、国際紛争を解決する手段としての戦争を放棄し、紛争は平和的手段により解決することを規定した。この条約は、その後の国際法における戦争違法化、国際紛争の平和的処理の流れを作る上で大きな意味を持った。

与は、いかなる特権も伴はない。栄典の授与は、現にこれを有し、又は将来これを受ける者の一代に限り、その効力を有する。

【平等原則、貴族制度の否認及び栄典の限界】

第15条　公務員を選定し、及びこれを罷免《ひめん》することは、国民固有の権利である。

2　すべて公務員は、全体の奉仕者であつて、一部の奉仕者ではない。

3　公務員の選挙については、成年者による普通選挙を保障する。

4　すべて選挙における投票の秘密は、これを侵してはならない。選挙人は、その選択に関し公的にも私的にも責任を問はれない。

【公務員の選定罷免《ひめん》権、公務員の本質、

世界の国の憲法に第9条を取り入れようという市民運動が世界的規模で起こっています。戦争はなんの解決も生まないばかりか、憎しみの連鎖を起こすだけであることは近年の戦争が明確に示しています。

【普通選挙の保障及び投票秘密の保障】

第16条　何人も、損害の救済、公務員の罷免《ひめん》、法律、命令又は規則の制定、廃止又は改正その他の事項に関し、平穏《へいおん》に請願する権利を有し、何人も、かかる請願をしたためにいかなる差別待遇も受けない。

【請願権】

第17条　何人も、公務員の不法行為により、損害を受けたときは、法律の定めるところにより、国又は公共団体に、その賠償を求めることができる。

【公務員の不法行為による損害の賠償】

第18条　何人も、いかなる奴隷的拘束も受けない。又、犯罪に因《よ》る

コラム2

「九条の会」の運動

2004年6月10日、著名な知識人9氏による「アピール」の発表から「九条の会」の運動がはじまりました。作家の大江健三郎《おおえけんざぶろう》氏、作家の井《いの》上《うえ》ひさし氏、哲学者の梅原猛《うめはらたけし》氏、憲法研究者の奥平康弘《おくだいらやすひろ》氏、作家の小《お》田実《だまこと》氏、評論家の加藤周一《かとうしゅういち》氏、作家の澤地久枝《さわちひさえ》氏、哲学者の鶴見俊《つるみしゅん》輔《すけ》氏、三木武夫《みきたけお》元首相夫人の三木睦子《みきむつこ》氏が呼びかけ人として名を連ねました。「アピール」は小泉政権（当時）のもとですすむ改憲状況に危機感を持ち、「日本国憲法は、いま、大きな試練にさらされています」という一文ではじまり、改憲への転換を許さず、「あらためて憲法九条を激動する世界に輝かせ」るために、「あらゆる努力を、いますぐ始めることを訴えます」と呼びかけました。

その後、呼びかけ人たちは全国各地に出向き、講演会を開催しました。呼びかけに応えて、各地、各職場、各分野などでアピールに賛同する会

処罰の場合を除いては、その意に反する苦役に服させられない。

【奴隷的拘束及び苦役の禁止】

第19条　思想及び良心の自由は、これを侵してはならない。

【思想及び良心の自由】

第20条　信教の自由は、何人に対してもこれを保障する。いかなる宗教団体も、国から特権を受け、又は政治上の権力を行使してはならない。

2　何人も、宗教上の行為、祝《しゅく》典《てん》、儀式又は行事に参加することを強制されない。

3　国及びその機関は、宗教教育その他いかなる宗教的活動もしてはならない。

【信教の自由】

が続々と結成されました。今日ではその数は７５００を超えるまでになりました。全国の会員たちは地域で、職場で、街頭で、さまざまな活動をくり広げ、集会、署名、文化的なつどいなど、多様な活動を始めました。さまざまなグッズが作られ、広められ、野山や街角での立て看板の設置、田んぼに稲で「９条」という文字を植える９条田んぼ、路面電車での９条の宣伝、９条凧あげ、９条せんべいや９条パン、９条りんごなど、実に多様に行われました。９条署名でも有権者の過半数を獲得した自治体が次々と現れました。

こうした努力などによって、憲法をめぐる世論も大きく変わり、１９９３年には改憲賛成が50・４％、反対が33・０％、２００４年は改憲賛成が65％、反対が23％だったのが、２００８年には賛成が43％、反対が43％にまでなりました。２０１０年は賛成が43％、反対は42％です。９条については２００４年、改憲賛成が44％、反対が47％、２０１０年は賛成が32％、反対が60％です(「読売新聞」世論調査)。

第21条　集会、結社及び言論、出版その他一切の表現の自由は、これを保障する。
2　検閲は、これをしてはならない。通信の秘密は、これを侵してはならない。
【集会、結社及び表現の自由と通信秘密の保護】

第22条　何人も、公共の福祉に反しない限り、居住、移転及び職業選択の自由を有する。
2　何人も、外国に移住し、又は国籍を離脱する自由を侵されない。
【居住、移転、職業選択、外国移住及び国籍離脱の自由】

第23条　学問の自由は、これを保障する。
【学問の自由】

こうしたなかで、改憲派は表向き、9条改憲を直接主張しにくくなりました。市民運動の力が示されたといっても過言ではないと思います。

Ⓚ

コラム3
改憲を主張する人びとのターゲットは9条

一口に「改憲論」といっても、その論点は多様です。

2000年から国会に設けられた憲法調査会※8でもさまざまな改憲論がでました。「この憲法はGHQに押しつけられたものだから、日本人の手で作り直せ」という意見の自主憲法論や、「天皇は国家の元首であることを明記せよ」「9条を変えて、軍隊を持てるようにしろ」「日本の歴史や文化を大事にすることを明記せよ」という、事実上、大日本帝国憲法の復活を要求するような古手の改憲論以外にも、「文体が翻訳調だ」「分

※8　**憲法調査会**
日本国憲法に関する調査・研究・審議などを行うために、国会の衆参両議院、内閣、政党などに設置される機関・組織のこと。国会法の一部改正により、2007年8月7日に「憲法審査会」へと改編された。

第24条　婚姻は、両性の合意のみに基《もとづ》いて成立し、夫婦が同等の権利を有することを基本として、相互の協力により、維持されなければならない。
２　配偶者の選択、財産権、相続、住居の選定、離婚並びに婚姻及び家族に関するその他の事項に関しては、法律は、個人の尊厳と両性の本質的平等に立脚して、制定されなければならない。

【家族関係における個人の尊厳と両性の平等】

第25条　すべて国民は、健康で文化的な最低限度の生活を営む権利を有する。
２　国は、すべての生活部面について、社会福祉、社会保障及び公衆衛生の向上及び増進に努めなけ

かりやすい口語調にすべきだ」などという文体に関するもの、「環境権など新しい時代にそった『新しい人権』※9を書き込め」「憲法裁判所を作れ」「改正に両院の3分の2の賛成が必要という条項（3分の2条項）を過半数に変えて、改憲を容易にせよ」などがあります。

しかし、これらのさまざまな改憲論もよく聞いていると、その多くが日本国憲法の最大の特徴である「第9条」、とりわけその2項（陸海空軍その他の戦力は、これを保持しない。国の交戦権は、これを認めない）を変えて、「普通の国」のような憲法にするべきだという意見に行き着きます。

改憲論者のなかには9条が市民の間に広く定着し、改憲を容認しない声が強いことをみて、あからさまに9条改憲を叫ぶのを回避しようとする動きがあります。この人びとは例えば「新しい人権」のように他の条項にあれこれと難癖《なんくせ》をつけ、改憲が必要だと言い張ります。それで「3分の2条項」も変えたりして、改憲をしやすくした上で、本命の9条改憲に持っていこうとします。一見、もっともに聞こえますが、これはペテ

※9　新しい人権
憲法には直接明記されていないが、憲法上の人権として保障されるべきであると主張される権利のこと。環境権やプライバシー権、肖像権などの権利が挙げられる。

ればならない。

【生存権及び国民生活の社会的進歩向上に努める国の義務】

第26条　すべて国民は、法律の定めるところにより、その能力に応じて、ひとしく教育を受ける権利を有する。

2　すべて国民は、法律の定めるところにより、その保護する子女に普通教育を受けさせる義務を負ふ。義務教育は、これを無償とする。

【教育を受ける権利と受けさせる義務】

第27条　すべて国民は、勤労の権利を有し、義務を負ふ。

2　賃金、就業時間、休息その他の勤労条件に関する基準は、法律でこれを定める。

ンです。「新しい人権」もわざわざ改憲をするまでもなく、憲法第13条の「幸福追求権」条項を正当に適用すれば、憲法の精神にそって解決することができます。Ⓚ

コラム4

「九条おじさん」のこと

東京の小金井市に「九条おじさん」と呼ばれている蓑輪《みのわ》喜作《きさく》さんというおじいさん（1929年6月生まれ）がいます。蓑輪さんは44年にわたって、新潟県の豪雪地帯で学校の用務員さんをしてきて、その後、夫婦で東京に出てきた方です。用務員さん時代に若い教師や子どもたちと会話して、信頼された蓑輪さんの人格と話術が9条擁護の署名活動に役立ちます。

2005年の暮れから憲法9条を守る署名活動を始め、5年を経て4万筆も集めました。

3　児童は、これを酷使してはならない。

【勤労の権利と義務、勤労条件の基準及び児童酷使の禁止】

第28条　勤労者の団結する権利及び団体交渉その他の団体行動をする権利は、これを保障する。

【勤労者の団結権及び団体行動権】

第29条　財産権は、これを侵してはならない。

2　財産権の内容は、公共の福祉に適合するやうに、法律でこれを定める。

3　私有財産は、正当な補償の下に、これを公共のために用ひることができる。

【財産権】

蓑輪さんの署名活動のフィールドは近所の公園と自動車教習場の近くのバス停などです。最近では1ヵ月に1000人という驚くべきペースで署名が集まります。おそらく、この間、蓑輪さんが対話した相手は8万人を超えるでしょう。その圧倒的多数は若者と女性です。公園にスケートボードやバーベキューをしに来る若者や、運転免許の更新に来る若者たちとの会話がはずみます。ここでは人気者です。自衛隊や、某新興宗教団体の会員さんたちとも丁寧にお話しし、署名をお願いします。押しつけたり、無理強いをしない、自然体の署名です。

蓑輪さんは何のてらいもなく、「人間が好きだ」「署名は愛だ」といいます。

これは1人で集めた署名数としては、おそらく新記録といっていいでしょう。9条はこうした草の根の市民によって守られてきたのです。Ⓚ

第30条　国民は、法律の定めるところにより、納税の義務を負ふ。
【納税の義務】

第31条　何人も、法律の定める手続によらなければ、その生命若《も》しくは自由を奪はれ、又はその他の刑罰を科せられない。
【生命及び自由の保障と科刑の制約】

第32条　何人も、裁判所において裁判を受ける権利を奪はれない。
【裁判を受ける権利】

第33条　何人も、現行犯として逮捕される場合を除いては、権限を有する司法官憲が発し、且《か》つ理由となつてゐる犯罪を明示する令状によらなければ、逮捕されない。
【逮捕の制約】

Q8 → A8

「第3章」には何が書かれているのですか？

「第3章」は国民の権利および義務について書かれていますす。しかし、国民の義務規定は納税、勤労、教育（義務教育）だけであり、他は国民の権利と自由に関する規定、すなわち基本的人権ばかりです。第10章の第99条では、公権力を行使する立場にある公務員に対し、憲法を尊重し擁護する義務を負わせると規定しており、第3章とあわせて立憲主義の本旨を表しています。

日本国憲法では、基本的人権について、全体の3分の1近くにわたって規定しており、さらに第97条で、その由来や特質について言及しています。基本的人権とは、人間として本来持っている基本的な権利で、国家権力といえども侵すことができないものとして実定※10法上認められたものです。基本的人権には、

※10　**実定《じってい》**
自然にそうなっているのではなく、人為によって定立されているということ。実定性。実定法。

第34条　何人も、理由を直ちに告げられ、且《か》つ、直ちに弁護人に依頼する権利を与へられなければ、抑留《よくりゅう》又は拘禁されない。又、何人も、正当な理由がなければ、拘禁されず、要求があれば、その理由は、直ちに本人及びその弁護人の出席する公開の法廷で示されなければならない。

【抑留《よくりゅう》及び拘禁の制約】

第35条　何人も、その住居、書類及び所持品について、侵入、捜索及び押収を受けることのない権利は、第三十三条の場合を除いては、正当な理由に基《もと》いて発せられ、且《か》つ捜索する場所及び押収する物を明示する令状がなければ、侵されない。

2　捜索又は押収は、権限を有す

自由権（国家から制約や強制を受けることなく、自由に考え行動する権利）、**平等権**（すべての人間は、法の下に平等な扱いを受ける権利）、**社会権**（人間らしく生きるための生存権、教育を受ける権利、労働基本権など）、**参政権**（政治に参加する権利の総称で、選挙権、被選挙権、公務就任権、罷免《ひめん》権、直接請求権、国民投票権、住民投票権など）、**請求権**（特定の人に対して、一定の行為を請求する権利）、**受益権**（国民が国家に一定の行為を請求する権利。国務請求権ともいう）、**幸福追求権**（生命、自由および幸福追求の権利）、**平和的生存権**（平和のうちに生活する権利）、**環境権**（良好な環境のなかで生活する権利）などがあります（Q3も参照のこと）。

る司法官憲が発する各別の令状により、これを行ふ。

【侵入、捜索及び押収の制約】

第36条　公務員による拷問《ごうもん》及び残虐な刑罰は、絶対にこれを禁ずる。

【拷問《ごうもん》及び残虐な刑罰の禁止】

第37条　すべて刑事事件においては、被告人は、公平な裁判所の迅速な公開裁判を受ける権利を有する。

2　刑事被告人は、すべての証人に対して審問する機会を充分に与へられ、又、公費で自己のために強制的手続により証人を求める権利を有する。

3　刑事被告人は、いかなる場合にも、資格を有する弁護人を依頼することができる。被告人が自ら

Q9 国民の自由権について説明してください

A9 基本的人権のなかに自由権があります。具体的には、①**身体の自由**（法律の手続きなしに、拘束・逮捕されず、強制労働をさせられない）、②**精神の自由**（思想・良心・信教・学問・言論・集会・結社・表現の自由）、③**経済活動の自由**（財産活用・職業選択・居住移転の自由）などです。

自由権は、国家から制約や強制をされずに自由に物事を考え行動できる権利であり、基本的人権のなかでも特に重要です。

Q10 幸福追求権とは？

A10 憲法第13条に、「すべて国民は、個人として尊重される。

これを依頼することができないときは、国でこれを附《ふ》する。

【刑事被告人の権利】

第38条　何人も、自己に不利益な供述を強要されない。

2　強制、拷問《ごうもん》若《も》しくは脅迫による自白又は不当に長く抑留《よくりゅう》若《も》しくは拘禁された後の自白は、これを証拠とすることができない。

3　何人も、自己に不利益な唯一の証拠が本人の自白である場合には、有罪とされ、又は刑罰を科せられない。

【自白強要の禁止と自白の証拠能力の限界】

第39条　何人も、実行の時に適法であつた行為又は既に無罪とされた行為については、刑事上の責任

生命、自由及び幸福追求に対する国民の権利については、公共の福祉に反しない限り、立法その他の国政の上で、最大の尊重を必要とする」とあります。「生命、自由及び幸福追求に対する国民の権利」を幸福追求権といいます。社会情勢の変化に伴い、この権利を根拠に環境権など多様な権利の主張が行われるようになっています。

を問はれない。又、同一の犯罪について、重ねて刑事上の責任を問はれない。

【遡及《そきゅう》処罰、二重処罰等の禁止】

第40条　何人も、抑留《よくりゅう》又は拘禁された後、無罪の裁判を受けたときは、法律の定めるところにより、国にその補償を求めることができる。

【刑事補償】

Q11 → A11

法の下の平等とは?

憲法第14条に法の下の平等がうたわれています。国民一人ひとりが、国家との権利・義務の関係において平等に扱われなければならないという憲法上の原則です。平等原則あるいは平等則といわれています。

Q12 → A12

憲法で保障されている自由と自由がぶつかった場合はどうするのですか?

価値が多様な社会にあっては、立場が違えば利害の対立が生じるのは自然のことです。資本主義の社会では市場において対立が解決されるのが原則ですが、力の強い者の言い分だけ

第4章　国会

第41条　国会は、国権の最高機関であつて、国の唯一の立法機関である。【国会の地位】

第42条　国会は、衆議院及び参議院の両議院でこれを構成する。【二院制】

第43条　両議院は、全国民を代表する選挙された議員でこれを組織する。

2　両議院の議員の定数は、法律でこれを定める。【両議院の組織】

第44条　両議院の議員及びその選挙人の資格は、法律でこれを定め

が通るのは公平ではありませんし、そのような社会は効率的ではありません。

自由と自由の対立も、話し合いによって解決するのが一般的ですが、双方の合意が成立しない場合には、国家権力の行使として行われる究極の紛争解決方法として裁判があります。裁判には一切の合意の必要がありません。

紛争の解決の必要が認められるならば、裁判は社会にとって不可欠の装置ということができます。

る。但《ただ》し、人種、信条、性別、社会的身分、門地《もんち》、教育、財産又は収入によつて差別してはならない。

【議員及び選挙人の資格】

第45条　衆議院議員の任期は、四年とする。但《ただ》し、衆議院解散の場合には、その期間満了前に終了する。

【衆議院議員の任期】

第46条　参議院議員の任期は、六年とし、三年ごとに議員の半数を改選する。

【参議院議員の任期】

第47条　選挙区、投票の方法その他両議院の議員の選挙に関する事項は、法律でこれを定める。

【議員の選挙】

コラム5

9条（戦争放棄）と25条（生存権の保障）は不可分のもの

憲法第25条はすべての国民に「健康で文化的な最低限度の生活を営む権利」があることを認め（第1項）、国に社会福祉・社会保障・公衆衛生の向上と増進につとめる義務を規定（第2項）しています。これは憲法前文の「全世界の国民が、ひとしく恐怖と欠乏から免かれ、平和のうちに生存する権利を有することを確認する」という平和的生存権の理念と共通するものです。

25条がいう国民の生存権と国の保障義務は、「平和」なくして実現しえません。戦争は人びとのいのちを軽んじ、社会福祉・社会保障などの大幅な制限を前提にしてしか成り立たないからです。まさに25条は人びとのいのちを大事にする9条の理念と不可分のものです。見逃してはならないことは、25条の第1項が憲法制定当時の「マッカーサー草案」[※11]にはなかったもので、衆議院の議論において追加された規定だということです。

※11　**マッカーサー草案**
連合国軍総司令部（GHQ）によって作成された日本国憲法草案のこと。全92ヵ条。実際に起草にあたった民政局のホイットニー局長以下25名のなかには、憲法学を専攻した者が一人もいなかったため、日本の民間憲法草案（第2章・コラム2参照）や、アメリカ合衆国憲法などの世界各国の憲法が参考にされた。

第48条　何人も、同時に両議院の議員たることはできない。

【両議院議員相互兼職の禁止】

第49条　両議院の議員は、法律の定めるところにより、国庫から相当額の歳費を受ける。

【議員の歳費】

第50条　両議院の議員は、法律の定める場合を除いては、国会の会期中逮捕されず、会期前に逮捕された議員は、その議院の要求があれば、会期中これを釈放しなければならない。

【議員の不逮捕特権】

第51条　両議院の議員は、議院で行つた演説、討論又は表決について、院外で責任を問はれない。

そして9条や25条の考え方は明治憲法にはまったく見られないもので、世界的に見ても日本国憲法の輝かしい先駆的な規定です。Ⓚ

コラム6

女性の地位

現在の憲法によって大きく改善されたのが女性の地位です。大日本帝国憲法下では、女性の法的地位は低く、権利も制限されていました。選挙権もなく、結婚の相手を自由に選ぶこともできませんでした。

封建時代の倫理を受け継ぐ女性の弱い立場を象徴的に表現する「女は三界《さんがい》に家なし」という言葉があります。女性は、若い時には父（家長）に、嫁いでは夫に、そして老いては子にしたがうものであるという意味です。男女の差別が著しかったのです。Ⓜ

【議員の発言表決の無答責】

第52条　国会の常会は、毎年一回これを召集する。

【常会】

第53条　内閣は、国会の臨時会の召集を決定することができる。いづれかの議院の総議員の四分の一以上の要求があれば、内閣は、その召集を決定しなければならない。

【臨時会】

第54条　衆議院が解散されたときは、解散の日から四十日以内に、衆議院議員の総選挙を行ひ、その選挙の日から三十日以内に、国会を召集しなければならない。

2　衆議院が解散されたときは、

コラム7

国家神道と宗教弾圧

第二次大戦中に、「天皇と神とどちらが偉いのか」と問い詰められ、獄中で殺されたキリスト者がいました。大本教[※12]は、日本の国家体制にそぐわない宗教として弾圧を受け、解体されました。仏教も、明治政府の廃《はい》

※12　**大本教《おおもときょう》**
1892年に出口《でぐち》なおを教祖としておこり、出口王仁三郎《でぐちおにさぶろう》が組織した神道系の新宗教。第二次大戦前に政府から二度の弾圧を受け、組織と施設に壊滅的な被害を受けた。戦後は、愛善苑と改称して活動を再開。正式名称は大本。

参議院は、同時に閉会となる。但《ただ》し、内閣は、国に緊急の必要があるときは、参議院の緊急集会を求めることができる。

3　前項但書《ただしがき》の緊急集会において採られた措置は、臨時のものであつて、次の国会開会の後十日以内に、衆議院の同意がない場合には、その効力を失ふ。

【総選挙、特別会及び緊急集会】

第55条　両議院は、各々その議員の資格に関する争訟《そうしょう》を裁判する。但《ただ》し、議員の議席を失はせるには、出席議員の三分の二以上の多数による議決を必要とする。

【資格争訟《そうしょう》】

第56条　両議院は、各々その総議員の三分の一以上の出席がなければ

仏毀釈《ぶっきしゃく》政策により弾圧を受けました。

明治憲法（大日本帝国憲法）下では国家が宗教をも支配し、天皇を神とする国家神道によって国家をまとめようとしました。国家神道は、明治から1945年の敗戦まで日本を支配した国家宗教です。靖国神社国家護持への動きは、この国家神道への回帰と密接に連動しています。

こうしたことへの反省から、日本国憲法は個人の信教の自由を保障するとともに、国家が特定宗教へ便宜《べんぎ》を与えることを禁じました。したがって、首相や閣僚や自治体の首長が、靖国神社を公式参拝するのは憲法違反と考えられます（憲法第20条）。Ⓜ

コラム8

年越し派遣村の運動

2008年12月31日、東京のどまんなか、霞が関の官庁街の近く、日

ば、議事を開き議決することができない。
2　両議院の議事は、この憲法に特別の定《さだめ》のある場合を除いては、出席議員の過半数でこれを決し、可否同数のときは、議長の決するところによる。

【議事の定足数と過半数議決】

第57条　両議院の会議は、公開とする。但《ただ》し、出席議員の三分の二以上の多数で議決したときは、秘密会を開くことができる。
2　両議院は、各々その会議の記録を保存し、秘密会の記録の中で特に秘密を要すると認められるもの以外は、これを公表し、且《か》つ一般に頒布《はんぷ》しなければならない。
3　出席議員の五分の一以上の要求があれば、各議員の表決は、こ

比谷公園の一角に20数張りのテントが立ち並びました。まるで大震災の被災地のテント村のようでした。

このテントの一群は「年越し派遣村」と呼ばれました。寒空のもとの「派遣村」には職を失い、住むところも失った500人の村民と1600人を超えるボランティアが集まりました。そして3日目の夜には「派遣村」の要求で、厚生労働省の講堂が開放され、村民はそこに引っ越しました。この運動は2009年1月5日までつづきました。多くの労働者がきびしい年末年始に命をつなぐことができました。

「経済大国」日本の首都で、どうして派遣村が必要になったのでしょうか？

※13リーマン・ショックと呼ばれた米国発の「100年に1度」の世界的金融危機が、日本経済を支えてきた派遣労働者などの非正規雇用の労働者に解雇の嵐となって襲いかかったのです。10万人を超える労働者が文字通り路頭に放り出され、年を越す術《すべ》も奪われました。労働者が人として

※13　リーマン・ショック
2008年9月に、米国第４位の規模を持つ名門投資銀行だったリーマン・ブラザーズが経営破綻した。そのことは世界の金融市場に大きな衝撃を与えた。

れを会議録に記載しなければならない。
【会議の公開と会議録】

第58条　両議院は、各々その議長その他の役員を選任する。

2　両議院は、各々その会議その他の手続及び内部の規律に関する規則を定め、又、院内の秩序をみだした議員を懲罰することができる。但《ただ》し、議員を除名するには、出席議員の三分の二以上の多数による議決を必要とする。
【役員の選任及び議院の自律権】

第59条　法律案は、この憲法に特別の定《さだめ》のある場合を除いては、両議院で可決したとき法律となる。

2　衆議院で可決し、参議院でこ

扱われなかったのです。

その事態に際して多くの人びとが立ち上がり、労働者として、人間として、「連帯」の手をさしのべました。労働組合やさまざまな団体が、主義主張や立場の違いを超えて立ち上がりました。そして国や自治体に対して、憲法第25条の「すべて国民は、健康で文化的な最低限度の生活を営む権利を有する」という規定を根拠に、解決を要求してたたかいました。

その1年前、雑誌『論座』※14 2007年1月号に赤木智弘《あかぎともひろ》という31歳（当時）の非正規雇用の労働者が「『丸山真男《まるやままさお》』をひっぱたきたい」という文章を書き、「希望は、戦争」と述べました。「不平等という不利益を国民みんなに分配するために戦争を求める」というのです。米国では貧しい下層労働者がイラクなどの戦場にみずから望んで行く兵士になる、といわれます。このように貧困と戦争がつながってしまうのです。

「年越し派遣村」の運動は赤木の望んだ「戦争」によってではなく、人びとの「連帯」で解決する道を示しました。Ⓚ

※14　**論座**
朝日新聞社（2008年4月からは朝日新聞出版）が発行していた、左派・リベラル派の月刊総合雑誌。2008年10月号の発売をもって休刊。

れと異なつた議決をした法律案は、衆議院で出席議員の三分の二以上の多数で再び可決したときは、法律となる。
3　前項の規定は、法律の定めるところにより、衆議院が、両議院の協議会を開くことを求めることを妨げない。
4　参議院が、衆議院の可決した法律案を受け取つた後、国会休会中の期間を除いて六十日以内に、議決しないときは、衆議院は、参議院がその法律案を否決したものとみなすことができる。

【法律の成立】

第60条　予算は、さきに衆議院に提出しなければならない。
2　予算について、参議院で衆議院と異なつた議決をした場合に、

Q13 「第4章」では何が定められているのですか?

A13 「第4章」は、第41条から第64条までで、国会について定められています。

①国会が国権の最高機関であり、唯一の立法機関であること。②衆議院と参議院の二院制であること。③両議院の議員の定数、議員および選挙に関する事項、議員歳費※15は法律で定めること、そして議員の不逮捕特権※16について。④国会の会議の構成および権限。⑤裁判官を裁判するための弾劾裁判所の設置についてなどです。

※15　**歳費**
国会議員が受け取る手当。

※16　**不逮捕特権**
現職国会議員の場合、現行犯を除き、国会の会期中は原則として逮捕されないという特権。

法律の定めるところにより、両議院の協議会を開いても意見が一致しないとき、又は参議院が、衆議院の可決した予算を受け取つた後、国会休会中の期間を除いて三十日以内に、議決しないときは、衆議院の議決を国会の議決とする。

【衆議院の予算先議権及び予算の議決】

第61条　条約の締結に必要な国会の承認については、前条第二項の規定を準用する。

【条約締結の承認】

第62条　両議院は、各々国政に関する調査を行ひ、これに関して、証人の出頭及び証言並びに記録の提出を要求することができる。

【議院の国政調査権】

Q14 憲法第41条に、国会は「国権の最高機関」と書かれていますが、内閣や裁判所よりもえらいのですか？

A14

第41条に「国会は、国権の最高機関」であると規定されています。憲法は国民主権を定め、衆参両議院は「全国民を代表する選挙された議員でこれを組織する」としています。「国権の最高機関」とは、最も重要な機関である国会を中心に、民意を反映して、政治は行われねばならないことを示しています。

しかし、国会がすべてに優越するという意味ではなく、内閣には衆議院の解散権があり、裁判所の司法権は独立しています。特に、司法権には違憲審査権があり、立法（国会）および行政（内閣）の行為が憲法に適合するか否かを最終的に判断する権限が与えられているので、三権のなかで優位に立つ地位を認められ

第63条　内閣総理大臣その他の国務大臣は、両議院の一に議席を有すると有しないとにかかはらず、何時《いつ》でも議案について発言するため議院に出席することができる。又、答弁又は説明のため出席を求められたときは、出席しなければならない。

【国務大臣の出席】

第64条　国会は、罷免《ひめん》の訴追《そつい》を受けた裁判官を裁判するため、両議院の議員で組織する弾劾《だんがい》裁判所を設ける。

2　弾劾《だんがい》に関する事項は、法律でこれを定める。

【弾劾《だんがい》裁判所】

ていると考えることもできます。

国会は、国権の最高機関と位置づけられ、唯一の立法機関となりました。また、行政（内閣）の優位という現実も否定できませんが、日本国憲法は、立法権を有する議会と行政権を有する内閣、そして司法権を有する裁判所が、相互に抑制と均衡を保つという制度で政治を運営することを定めています。これを**三権分立**といいます。

Q15 「第5章」には何が書かれているのですか？

A15 第5章は、第65条から第75条までで、内閣について定めています。国家作用（国家が行う行為）のうち、立法と司法を除いたものを行政といい、行政を行う権限を行政権と呼びます。

第5章　内閣

第65条　行政権は、内閣に属する。

【行政権の帰属】

第66条　内閣は、法律の定めるところにより、その首長たる内閣総理大臣及びその他の国務大臣でこれを組織する。

2　内閣総理大臣その他の国務大臣は、文民でなければならない。

3　内閣は、行政権の行使について、国会に対し連帯して責任を負ふ。

【内閣の組織と責任】

第67条　内閣総理大臣は、国会議員の中から国会の議決で、これを指名する。この指名は、他のすべての案件に先だつて、これを行ふ。

憲法第65条は、「行政権は、内閣に属する」と定めています。

さて、全体を見ますと、①行政権が内閣に属すること。②内閣は首長たる内閣総理大臣およびその他の大臣で組織し、行政権の行使については国会に対し連帯して責任を負うこと。③内閣総理大臣の指名について。④内閣総理大臣の国務大臣任命について。⑤国会による内閣の不信任案可決と内閣の総辞職について。⑥国会における不信任案可決以外による内閣の総辞職について。⑦内閣は、新たに総理大臣が任命されるまでの間、引き続き職務を行うべきことについて。⑧内閣総理大臣の職務について。⑨内閣の行う一般行政事務以外の事務について。⑩法律および政令については、主任の国務大臣および総理大臣が署名（連署）すべきこと。⑪国務大臣は、その在任中、内閣総理大臣の同意がなければ訴追[※17]されないこと、およびそれによって訴追の権利は害されないことなどを定めています。

※17　訴追
検察官が刑事事件について公訴を提起することで、起訴とほぼ同じ意味。

2　衆議院と参議院とが異なつた指名の議決をした場合に、法律の定めるところにより、両議院の協議会を開いても意見が一致しないとき、又は衆議院が指名の議決をした後、国会休会中の期間を除いて十日以内に、参議院が、指名の議決をしないときは、衆議院の議決を国会の議決とする。

【内閣総理大臣の指名】

第68条　内閣総理大臣は、国務大臣を任命する。但《ただ》し、その過半数は、国会議員の中から選ばれなければならない。

2　内閣総理大臣は、任意に国務大臣を罷免《ひめん》することができる。

【国務大臣の任免《にんめん》】

第69条　内閣は、衆議院で不信任

Q16 → **A16**

議院内閣制と大統領制の違いを教えてください

議院内閣制は、議会内閣制あるいは政党内閣制と呼ばれ、

の決議案を可決し、又は信任の決議案を否決したときは、十日以内に衆議院が解散されない限り、総辞職をしなければならない。

【不信任決議と解散又は総辞職】

第70条　内閣総理大臣が欠けたとき、又は衆議院議員総選挙の後に初めて国会の召集があつたときは、内閣は、総辞職をしなければならない。

【内閣総理大臣の欠缺《けんけつ》又は総選挙施行による総辞職】

第71条　前二条の場合には、内閣は、あらたに内閣総理大臣が任命されるまで引き続きその職務を行ふ。

【総辞職後の職務続行】

議会内の多数政党の党首が政権を握る制度です。

一方、立法府（国会あるいは議会）とはまったく別に国民の選挙によって行政府のリーダーを選ぶ制度が大統領制です。

権力分立の観点から、立法権と行政権の厳格な分立を組織の原理として、行政権の長として大統領を置く国家の組織形態を大統領制、両権力の穏やかな分立あるいは融合を組織の原理とする形態を議院内閣制とみることもできます。

さて、これまで述べたのは日本とアメリカの比較においてでしたが、ドイツのように、事実上の議院内閣制でありながら、大統領が国家の権威と名誉を象徴する職務を担う名誉職型大統領制や、大統領と首相の二頭政治によって権力を拮抗《きっこう》させる大統領制もあります。各国の事情によっていろいろの大統領制があるのです。

第72条　内閣総理大臣は、内閣を代表して議案を国会に提出し、一般国務及び外交関係について国会に報告し、並びに行政各部を指揮監督する。

【内閣総理大臣の職務権限】

第73条　内閣は、他の一般行政事務の外、左の事務を行ふ。

①　法律を誠実に執行し、国務を総理すること。

②　外交関係を処理すること。

③　条約を締結すること。但《ただ》し、事前に、時宜《じぎ》によつては事後に、国会の承認を経ることを必要とする。

④　法律の定める基準に従ひ、官吏に関する事務を掌理《しょうり》すること。

⑤　予算を作成して国会に提出すること。

Q17 → A17

「第6章」では何が定められているのですか?

「第6章」は、第76条から第82条までで、司法について定

⑥　この憲法及び法律の規定を実施するために、政令を制定すること。但《ただ》し、政令には、特にその法律の委任がある場合を除いては、罰則を設けることができない。
⑦　大赦《たいしゃ》、特赦《とくしゃ》、減刑、刑の執行の免除及び復権を決定すること。

【内閣の職務権限】

第74条　法律及び政令には、すべて主任の国務大臣が署名し、内閣総理大臣が連署することを必要とする。

【法律及び政令への署名と連署】

第75条　国務大臣は、その在任中、内閣総理大臣の同意がなければ、訴追されない。但《ただ》し、これがため、訴追の権利は、害されない。

【国務大臣訴追の制約】

められています。

①すべて司法権は、最高裁判所と法律の定める下級裁判所[※18]に属すること。②最高裁判所の権限。③裁判官の身分、権限および報酬について。④最高裁判所の構成、長官の任命および裁判官の国民審査について。⑤下級裁判所について。⑥裁判の公開の原則について。⑦最高裁判所の違憲審査権についてなどです。

※18　下級裁判所

最高裁判所以外の裁判所の総称で、高等裁判所・地方裁判所・家庭裁判所・簡易裁判所をさす。

Q18

大日本帝国憲法に比べ、日本国憲法では「司法」はどのように変わりましたか？

A18

日本国憲法によって三権（立法・行政・司法）分立が確立しました。大日本帝国憲法下では、司法権は天皇の名において行うとされ、司法権の独立は不完全でした。また、大審院（現在の最高裁判所にあたる）に上訴[※19]できない特別裁判所として、軍法会議（通常は軍隊内の裁判）、行政裁判所および皇室裁判所が設置されていました。日本国憲法において特別裁判所は廃止され、司法権はすべて最高裁判所と下級裁判所に属することになりました。

※19　**上訴**
未確定の裁判で、上級の裁判所に裁判のやり直しを求めること。

第6章　司法

第76条　すべて司法権は、最高裁判所及び法律の定めるところにより設置する下級裁判所に属する。
2　特別裁判所は、これを設置することができない。行政機関は、終審として裁判を行ふことができない。
3　すべて裁判官は、その良心に従ひ独立してその職権を行ひ、この憲法及び法律にのみ拘束される。

【司法権の機関と裁判官の職務上の独立】

第77条　最高裁判所は、訴訟に関する手続、弁護士、裁判所の内部規律及び司法事務処理に関する事項について、規則を定める権限を

Q19 特別裁判所とは？

A19

大日本帝国憲法下で、通常の裁判所の系列の外に設置された裁判所のことです。

特別裁判所としては陸海軍の「軍法会議」（刑事特別裁判所）などがありました。これは、現役の軍人の軍刑事法違反事件だけでなく、戒厳[※20]・戦時事変のもとにおいては、一定の一般人の刑事事件も審判しました。軍という狭い組織のなかで行われるため、「身内同士のかばい合い」や組織防衛が起こりがちで、公正を欠く傾向が指摘されていました。

※20　**戒厳**
戦時下またはこれに準じる非常事態下において、立法・行政・司法の事務の全部または一部を軍隊の手にゆだねることをいう。

有する。
2　検察官は、最高裁判所の定める規則に従はなければならない。
3　最高裁判所は、下級裁判所に関する規則を定める権限を、下級裁判所に委任することができる。
【最高裁判所の規則制定権】

第78条　裁判官は、裁判により、心身の故障のために職務を執《と》ることができないと決定された場合を除いては、公《おおやけ》の弾劾《だんがい》によらなければ罷免《ひめん》されない。裁判官の懲戒処分は、行政機関がこれを行ふことはできない。
【裁判官の身分の保障】

第79条　最高裁判所は、その長《ちょう》たる裁判官及び法律の定める員数のその他の裁判官でこれを構成し、

Q20 「第7章」では何を定めているのですか?

A20 「第7章」は、第83条から第91条までで、「財政」について定められています。

①国の財政を処理する権限が国会にあること。②新たに税金を課し、または税金のあり方を変更するのは国会であること。③国費を支出し、または債務を負担するには、国会の議決を経なければならないこと。④内閣は、毎会計年度の予算を作成し、国会に提出して審議を受け、議決を経なければならないこと。⑤皇室財産は、すべて国のものであること。⑥すべて皇室の費用は、予算に計上して国会の議決を経なければならないこと。⑦国の収支決算は毎年、会計検査院が検査し、内閣は次の年度にその検査報告とともに、国会に提出しなければならないこと。会計検査院の組織および権限については、法律で定めること。⑧内閣の国会および国民に対す

その長《ちょう》たる裁判官以外の裁判官は、内閣でこれを任命する。
2　最高裁判所の裁判官の任命は、その任命後初めて行はれる衆議院議員総選挙の際国民の審査に付し、その後十年を経過した後初めて行はれる衆議院議員総選挙の際更《さら》に審査に付し、その後も同様とする。
3　前項の場合において、投票者の多数が裁判官の罷免《ひめん》を可とするときは、その裁判官は、罷免《ひめん》される。
4　審査に関する事項は、法律でこれを定める。
5　最高裁判所の裁判官は、法律の定める年齢に達した時に退官する。
6　最高裁判所の裁判官は、すべて定期に相当額の報酬を受ける。この報酬は、在任中、これを減額

る財政状況報告の義務についてなどを定めています。

することができない。

【最高裁判所の構成及び裁判官任命の国民審査】

第80条　下級裁判所の裁判官は、最高裁判所の指名した者の名簿によつて、内閣でこれを任命する。その裁判官は、任期を十年とし、再任されることができる。但《ただ》し、法律の定める年齢に達した時には退官する。

2　下級裁判所の裁判官は、すべて定期に相当額の報酬を受ける。この報酬は、在任中、これを減額することができない。

【下級裁判所の裁判官】

第81条　最高裁判所は、一切の法律、命令、規則又は処分が憲法に適合するかしないかを決定する権

Q21

国債ってなんですか?

A21

国債とは、国家が発行する公債（金銭債務つまり借金）です。正式名称は「国庫債券」といいます。発行時に償還期限と利率が定められており、購入者には利息と元金が支払われます。

日本の「国債および借入金、政府保証債務残高」は、2010年12月末現在964兆円に達しました。この額は、日本の一年間の国内総生産（2009年度のGDP）の約2倍です。国民一人当たり800万円という巨額の財政赤字を抱えていることになります。

選挙民としての国民の責任はあるとしても、多額の国債の償還や利息の支払いのために生じた財政不足を理由に、国民にさらなる消費税などの負担を強いるのは、「政府の無責任」との誹《そし》りを免れないところです。

限を有する終審裁判所である。
【最高裁判所の法令審査権】

第82条　裁判の対審及び判決は、公開法廷でこれを行ふ。

2　裁判所が、裁判官の全員一致で、公《おおやけ》の秩序又は善良の風俗を害する虞《おそれ》があると決した場合には、対審は、公開しないでこれを行ふことができる。但《ただ》し、政治犯罪、出版に関する犯罪又はこの憲法第三章で保障する国民の権利が問題となつてゐる事件の対審は、常にこれを公開しなければならない。
【対審及び判決の公開】

国債は麻薬であるといわれて、緊急の場合を除きその発行が戒《いまし》められていたのですが、なぜこれほどまでに膨れ上がってしまったのでしょう。それは、長期にわたる保守政権の、政府と議会の狎《な》れ合いの結果といわざるをえません。政府と与党が一体となって予算案を作成し執行していますから、その責任は重大です。

Q22 「第8章」では何を定めているのですか？

A22 「第8章」は第92条から第95条までで、「地方自治」について定めています。

①地方公共団体の組織運営に関する事項は法律で定めること。②地方公共団体が議会を設置できること。③地方公共団体の長と

議会の議員その他の吏員[※21]は、その地方自治体の住民が直接選挙で選ぶこと。④地方公共団体は、その財産を管理し、事務を処理し、行政を行う権限を持ち、法律の範囲内で条例を制定できること。⑤特定の地方公共団体のみに適用される特別法は、その住民の投票においての過半数の同意がなければ、国会はこれを制定できないことなどを定めています。

ちなみに、大日本帝国憲法（明治憲法）では、地方自治についての規定は存在しませんでした。都道府県の知事は中央（政府）の任命であり、地方の行政は中央の方針にしたがって行われていました。日本国憲法（現行憲法）の民主主義は地方自治・住民自治を実現することによって達成されます。

地方自治には、住民自治と団体自治という2つの基本原則（地方自治の本旨）があります。住民自治とは、地方の事務処理を中央政府の指揮監督のもとに実施するのではなく、その地方

※21　**吏員**《りいん》
公共団体の職員のこと。官吏。公吏。

第7章　財政

第83条　国の財政を処理する権限は、国会の議決に基《もとづ》いて、これを行使しなければならない。

【財政処理の要件】

第84条　あらたに租税を課し、又は現行の租税を変更するには、法律又は法律の定める条件によることを必要とする。

【課税の要件】

第85条　国費を支出し、又は国が債務を負担するには、国会の議決に基《もとづ》くことを必要とする。

【国費支出及び債務負担の要件】

第86条　内閣は、毎会計年度の予算を作成し、国会に提出して、そ

の住民の意思と責任において行うという原則です。一方、団体自治とは国家のなかに存在する団体が自己の意思にしたがって団体内の事務処理を行うという原則です。都道府県や市町村は、国に認められた団体で、憲法第94条にある地方公共団体です。地方公共団体の長、議会の議員は、その地方公共団体の住民の選挙によると定められ（憲法第93条第2項）、間接民主制・代表民主制による自治（住民自治）が保障されています。

諸説ありますが、日本では、基本的人権は個人の自己決定権を意味しますが、地方公共団体にも団体基本権が保障されていると考えられています。国より地方公共団体のほうが国民主権原理の実現に適しているからです。近年、地方分権がクローズアップされ、地方の時代といわれる理由がここにあります。

の審議を受け議決を経なければならない。

【予算の作成】

第87条　予見し難《がた》い予算の不足に充《あ》てるため、国会の議決に基《もと》いて予備費を設《もう》け、内閣の責任でこれを支出することができる。

2　すべて予備費の支出については、内閣は、事後に国会の承諾を得なければならない。

【予備費】

第88条　すべて皇室財産は、国に属する。すべて皇室の費用は、予算に計上して国会の議決を経なければならない。

【皇室財産及び皇室費用】

第89条　公金その他の公《おおやけ》の財産

Q23 地方自治と沖縄の米軍基地問題の関連について教えてください

A23

地方自治に関係する憲法第95条は「一の地方公共団体のみに適用される特別法は、法律の定めるところにより、その地方公共団体の住民の投票においてその過半数の同意を得なければ、国会は、これを制定することができない」と定めています。これもまた地方自治の本旨を示すものです。

今、沖縄県の在日米軍基地問題の行方《ゆくえ》が注目されていますが、国会での多数を背景に、県外移設を望む沖縄県民の意思を無視することは許されません。

在日米軍基地問題に限らず、東日本大震災をきっかけに安全神話の崩れた原子力発電所についても地域住民の意思が最優先されなければなりません。

は、宗教上の組織若《も》しくは団体の使用、便益《べんえき》若《も》しくは維持のため、又は公《おおやけ》の支配に属しない慈善、教育若《も》しくは博愛の事業に対し、これを支出し、又はその利用に供《きょう》してはならない。

【公《おおやけ》の財産の用途制限】

第90条　国の収入支出の決算は、すべて毎年会計検査院がこれを検査し、内閣は、次の年度に、その検査報告とともに、これを国会に提出しなければならない。

2　会計検査院の組織及び権限は、法律でこれを定める。

【会計検査】

第91条　内閣は、国会及び国民に対し、定期に、少くとも毎年一回、国の財政状況について報告しなけ

民主主義の基盤は地方自治であり、地方自治は住民自治です。今、地方自治の時代を迎えているのです。

コラム9

沖縄の米軍基地問題

沖縄は、1972年に念願の本土復帰を果たしました。しかし、米軍基地はそのまま残されました。在日米軍基地の約75%が沖縄に集中しています。沖縄県全土の約10%、沖縄本島の約20%、東アジア最大の嘉手《かで》納《な》基地のある嘉手納町の実に約83%が米軍基地です。

基地があることによる経済的な利益として、①基地を職場とする労働者8500人の賃金500億円、②基地の地代（地主3万1000人）800億円、③米兵とその家族の消費500億円、合計1800億円が見込まれています。

ればならない。

【財政状況の報告】

一方、沖縄県民の被害を見ますと、①騒音、②墜落事故、③落下物、④山林火災、⑤米兵による事故、⑥米兵による犯罪、⑦基地により交通が遮断され望ましい都市形成や交通網体系の整備が妨げられる、などが挙げられます。

騒音被害の深刻さと多発する米兵による凶悪犯罪（殺人・婦女暴行など564件、民間人殺害事件12件：いずれも2010年度）が特に県民の怒りの対象となっています。

沖縄の米軍基地は、「太平洋の要石《かなめいし》」として、ベトナム戦争以来、アジアおよび中東への出撃基地として有名です。その守備範囲は、インド洋からアフリカ東海岸までの広範囲です。2010年現在、日本を母港とする第7艦隊艦船乗組員を含め、米兵の総計は約5万人です。

在日米軍が不要というなら、日本の安全をどのように確保するのかという問題が提起され、「自衛隊に頼ることになるのか。その場合、自衛隊は憲法第9条に違反する」という二者択一を迫る論議がなされています。
しかし、アメリカが唯一の超大国として「世界の警察」であり続けるとは限りませんし、国連機構の充分な活用こそ世界が求めていることです。特に、日本は世界に誇る平和憲法を有する国です。爆撃に対して無防備な原子力発電所（2011年6月現在、商業用として運転中）が31基も日本海の海岸線に並んでいる（日本全土では54基）現実からして、戦争をしない国であり続ける以外に安全確保はない、ということを国民が理解する必要があります。核の時代の戦争には勝者も敗者もなく、ただ共倒れという結果が待ち受けているだけなのです。Ⓜ

第8章　地方自治

第92条　地方公共団体の組織及び運営に関する事項は、地方自治の本旨に基《もと》いて、法律でこれを定める。

【地方自治の本旨の確保】

第93条　地方公共団体には、法律の定めるところにより、その議事機関として議会を設置する。
2　地方公共団体の長《ちょう》、その議会の議員及び法律の定めるその他の吏員《りいん》は、その地方公共団体の住民が、直接これを選挙する。

【地方公共団体の機関】

第94条　地方公共団体は、その財産を管理し、事務を処理し、及び行政を執行する権能を有し、法律の範囲内で条例を制定することができる。

【地方公共団体の権能】

第95条　一の地方公共団体のみに適用される特別法は、法律の定めるところにより、その地方公共団体の住民の投票においてその過半数の同意を得なければ、国会は、これを制定することができない。

【一の地方公共団体のみに適用される特別法】

A24 ← Q24

「道州制」という言葉を聞いたことがあるのですが…

道州制とは、行政区画として、北海道とそれ以外の地域に数個（8～12）の州を設置し、その道州に現在の都道府県より大きな自治権を与え、行政区を広域化して行政の効率化をめざすという将来構想上の地方制度です。

第9章　改正

第96条　この憲法の改正は、各議院の総議員の三分の二以上の賛成で、国会が、これを発議し、国民に提案してその承認を経なければならない。この承認には、特別の国民投票又は国会の定める選挙の際行はれる投票において、その過半数の賛成を必要とする。

2　憲法改正について前項の承認を経たときは、天皇は、国民の名で、この憲法と一体を成すものとして、直ちにこれを公布する。

【憲法改正の発議、国民投票及び公布】

2006年に、総務省の地方制度調査会[※22]は「道州制に関する答申」を行い、都道府県の廃止と新設となる道州による道州制度導入を打ち出しました。それを受けて、政府は内閣官房に「道州制ビジョン懇談会」を設置し、道州制特区推進法を公布、さらに担当大臣も任命して道州制を推進しています。

しかし、国主導の道州制推進には多くの懸念が示されています。その主なものは、①州都（道州議会所在地・道州庁所在地）は、経済の中心となり大きな恩恵を受けて、経済的な発展や人口増も期待されるが、州都以外のこれまでの県庁所在地との格差が大きくなる。②国は「小さな政府」と称して政府機関を縮小し、地方への交付金を削減しつつ、地方への統制の強化と合理化を進め、市町村を大量に削減し、次いで県をも削減する、そうなると地方分権ではなく中央集権強化である。③財政の弱い自治体同士が合併しても財政が強くなるわけではない。④道府県合併による地方公務員、

※22　**地方制度調査会**

地方制度調査会設置法に基づき、1952年より設置。内閣総理大臣の諮問《しもん》に応じて、地方制度に関する重要事項を調査、審議する任務にあたる。

国家公務員、および地方議員の削減による歳出削減効果はたかが知れているし、住民の声が反映されにくくなり、地方自治の良さが失われる懸念があるなど大きな問題が指摘されています。

これからの日本に求められるのは、効率化を追求することよりも、互いに知恵を出しあい助けあう、活力のあるコミュニティの形成ではないでしょうか。

Q25 憲法はどのような手続きをすれば改正できるのですか?

A25 憲法第96条には、国会の両院の3分の2以上の賛成によって発議し、国民投票によって過半数の賛成がなければ改正できないと規定されています。これに基づいて、「日本国憲法[※23]

※23 日本国憲法の改正手続に関する法律
憲法を改正するために必要とされる、国民投票などの具体的な手続きについては、憲法上まったく規定されておらず、本法律はこれに対応するために施行された。一般には「国民投票法」と呼ばれている。

第10章　最高法規

第97条　この憲法が日本国民に保障する基本的人権は、人類の多年にわたる自由獲得の努力の成果であつて、これらの権利は、過去幾多の試錬に堪へ、現在及び将来の国民に対し、侵すことのできない永久の権利として信託されたものである。

【基本的人権の由来特質】

第98条　この憲法は、国の最高法規であつて、その条規に反する法律、命令、詔勅《しょうちょく》及び国務に関するその他の行為の全部又は一部は、その効力を有しない。

2　日本国が締結した条約及び確立された国際法規は、これを誠実に遵守することを必要とする。

の改正手続に関する法律」が２００７年に制定され、２０１０年に施行されました。

この法律については、多くの欠陥が指摘されていますが、東日本大震災のどさくさにまぎれるように、道州制の導入や議員定数の削減など憲法改正の動きが活発化しています。

Q26 憲法に書かれている内容と、日本が外国と結んだ条約の内容が食い違う場合はどうするのですか？

A26

憲法第98条の２項では、「日本国が締結した条約及び確立された国際法規は、これを誠実に遵守《じゅんしゅ》することを必要とする」と規定しています。

「憲法と条約のどちらを優越（優先）するか」についての学説は

【憲法の最高性と
条約及び国際法規の遵守】

第99条　天皇又は摂政《せっしょう》及び国務大臣、国会議員、裁判官その他の公務員は、この憲法を尊重し擁護する義務を負ふ。

【憲法尊重擁護の義務】

分かれています。憲法前文に「われらは、いづれの国家も、自国のことのみに専念して他国を無視してはならないのであって」とあります。条約違反や国際法違反が世界大戦を引き起こしたという反省に立つものです。

日本に武力を要求する条約は排除されるべきですが、一方、国際感情に合わない死刑を日本では容認しているのも事実です。二者択一ではなく、自国のものも他国のものも同じように遵守すれば良いとする考えもあります。

先進諸国のなかでは、人権後進国といわれがちな日本ですから、国際社会の一員として、国際法規に合わせて国内法を整備することが求められています。

第11章　補則

第100条　この憲法は、公布の日から起算して六箇月を経過した日から、これを施行する。
2　この憲法を施行するために必要な法律の制定、参議院議員の選挙及び国会召集の手続並びにこの憲法を施行するために必要な準備手続は、前項の期日よりも前に、これを行ふことができる。
【施行期日と施行前の準備行為】

第101条　この憲法施行の際、参議院がまだ成立してゐないときは、その成立するまでの間、衆議院は、国会としての権限を行ふ。
【参議院成立前の国会】

第102条　この憲法による第一期の

Q27 → A27

憲法尊重擁護義務とはなんですか？

憲法第99条に、「天皇又は摂政及び国務大臣、国会議員、裁判官その他の公務員は、この憲法を尊重し擁護する義務を負ふ」とあります。

一般国民にではなく、天皇や国会議員や内閣総理大臣、国務大臣、地方公共団体の首長など、国の機関や公権力を行使しうる立場の公務員に対し、憲法尊重と擁護の義務を課しているのです。

立憲主義は、権力側を拘束し、個人の人権を擁護するのが本旨です。ですから、内閣や首長が公の場で憲法改正を主張するのは憲法違反といわれてもしかたがありません。ところが、近年ますます改憲派が勢いを増し、この条項がないがしろにされつつあると感じられます。

参議院議員のうち、その半数の者の任期は、これを三年とする。その議員は、法律の定めるところにより、これを定める。

【参議院議員の任期の経過的特例】

第103条　この憲法施行の際現に在職する国務大臣、衆議院議員及び裁判官並びにその他の公務員で、その地位に相応する地位がこの憲法で認められてゐる者は、法律で特別の定《さだめ》をした場合を除いては、この憲法施行のため、当然にはその地位を失ふことはない。但《ただ》し、この憲法によつて、後任者が選挙又は任命されたときは、当然その地位を失ふ。

【公務員の地位に関する経過規定】

第2章

平和憲法のこれから

Q

日本国憲法が平和憲法と呼ばれるのはなぜですか?

A

前文(平和的生存権と国際協調主義など)と第9条(非戦・絶対平和主義)があるからです。第9条には世界中が注目しています。

20世紀は、戦争の世紀といわれます。人類は2つの世界大戦を経験しましたし、その後の冷戦下では、キューバ危機[※1]と呼ばれた米ソ核戦争の脅威が、人類滅亡の恐怖として世界中を覆いました。地球滅亡時計[※2]という警告がなされるようにもなりました。

平和憲法は、みずから起こした戦争の反省と、紛争をすべて話し合いによって解決しようという国民の意志を表しているのです。

また、第11条において「国民は、すべての基本的人権の享有《きょうゆう》を妨げられない」とした上に、さらに第97条において「この憲法が日本国民に保障する基本的人権は、人類の多年にわたる自由

※1 **キューバ危機**
1962年、米国のすぐ南に位置するキューバでのソ連軍のミサイル基地建設をめぐり、米ソが激しく対立した事件。冷戦の緊張が核戦争寸前まで達した危機的な状況のこと。

※2 **地球滅亡時計**
核戦争によって人類が滅亡するまでの時間を象徴的に示す時計で、冷戦時代の1947年、アメリカの科学雑誌の表紙絵として誕生した。その実物がシカゴ大学にある。世界終末時計ともいう。

獲得の努力の成果であつて、これらの権利は、過去幾多の試錬に堪へ、現在及び将来の国民に対し、侵すことのできない永久の権利として信託されたものである」とうたっています。ここにも、日本国憲法が平和憲法と呼ばれる理由があります。

コラム1

平和主義や民主主義の歴史と伝統

日本でも、幕末から明治期にかけて、あるいは戦前の社会運動家や思想家のなかに、平和主義や民主主義の歴史と伝統があります。

封建制度に基礎をおく徳川幕藩体制が19世紀の後半に打ち倒され、明治新政権が樹立されて間もなく、四国、関西、東海、関東、東北など全国各地で、民主主義と自由を求め、国会開設を要求する自由民権運動が起こりました。さまざまな結社の設立、集会、出版、署名などの運動がいっせいに始まりました。このなかで60を超える私擬憲法草案（在野の人びとがみずから起草した憲法草案）※3が生まれました。

当時の民権運動の持っていた気風について、歴史学者の色川大吉《いろかわだいきち》氏はその「民権歌謡をめぐって」という文章のなかで、安藤国之助《あんどうくにのすけ》の「人の上には人はなく　人の下にも人はなし　貴族富豪を羨《うらや》むな　我も人なり彼も人」という詞を紹介しています。こうした歌謡が民権活動家のなかで口にされ、急速に広まりました。

自由民権運動ではきら星のようにたくさんの活動家・思想家が生まれましたが、その代表的な民権

※3 在野《ざいや》
公職につかずに、民間にいること。

活動家の一人であった土佐藩出身の中江《なかえ》兆民《ちょうみん》は、その著書『三酔人経綸問答《さんすいじんけいりんもんどう》』で「洋学紳士君」という人物を登場させ、①役に立たない軍備の撤廃＝完全非武装の提唱。急な軍拡は経済を破綻させる。それよりも他国に対して侵略の意思がないと示すほうがいいこと、②弱小国＝日本は、道義[※4]外交に徹すること、③人類が最後に到達する最高の政治形態である民主共和制の採用、などを主張させ、④日本は世界に先駆けて実験国となろう、と国民にその覚悟を呼びかけています。こうした主張の存在は、当時の中江の主張そのものではないにしても、今日の憲法第9条につながるものとして注目していいと思います。

同じく土佐藩出身の植木《うえき》枝盛《えもり》は「東洋大日本国国憲按《とうようだいにほんこくこっけんあん》」を著し、その第1条で、憲法あっての国家、憲法に基づく国家という人民主権を明らかにしました。とりわけ35条におよぶ人権保障規定を作り、その主張は今日の日本国憲法の人権条項に通じるものとなっています。

明治期の自由民権運動につづく大正期の「大正デモクラシー」と呼ばれる運動でも多くの先進的思想が生まれました。

日本社会の歴史にも、これらの運動と伝統があったことは注目すべきことです。Ⓚ

※4　道義
人として行うべき正しい道のこと。道理。

Peace
洋学紳士

コラム2

鈴木安蔵《すずきやすぞう》らとGHQ

『日本の青空』（2007年公開）という映画で広く知られるようになった憲法学者・鈴木安蔵《すずきやすぞう》は、軍部が跋扈[※5]した戦前に、明治期の自由民権運動と憲法について研究した人です。鈴木はその研究を土台にして、日本の敗戦後、憲法学者・高野岩三郎《たかのいわさぶろう》らとともにいち早く「憲法研究会」を結成し、「憲法草案要綱」をまとめます。連合国軍総司令部（GHQ）の民政局・法規課長のラウエル大佐はこの「要綱」に注目して、新憲法草案を起草しました。

連合国軍総司令部の占領の指針である「ポツダム宣言」（1945年7月26日発表、米・英・中三国宣言）の第10項のなかに「日本国政府ハ日本国国民ノ間ニ於ケル民主主義的傾向ノ復活強化ニ対スル一切ノ障礙《しょうがい》ヲ除去スヘシ」という項目があったのです。ラウエルらはポツダム宣言がいうように、日本国民の間にあった民主主義・平和思想を復活させようとしたのです。鈴木らの研究はまさにこれにつながるものでした。こうしてGHQが起草した新憲法草案は当時の国会の審議を経て公布されました。

当時の国民世論は圧倒的にこれを歓迎しました。一部の人びとがいうように、日本国憲法が単なる「押しつけ憲法」だとの見方は、こうした事実に反するものといえるでしょう。Ⓚ

※5　跋扈《ばっこ》
悪いものが勢力を広げて活動すること。のさばりはびこること。手ごわくて扱いにくいこと。

Q2 世界の他の国にも平和憲法があるのでは?

A2

世界で「軍隊のない国」である27ヵ国(国連加盟国192ヵ国中25ヵ国)を2008年までの3年弱で旅した東京造形大学教授の前田朗《まえだあきら》さんは、それを『軍隊のない国家』(日本評論社)という本にまとめました。同書では、「常備軍を廃止した憲法は5つある。一九二一年 リヒテンシュタイン侯国憲法第四四条、一九四六年 日本国憲法第九条、一九四九年 コスタリカ共和国憲法第十二条、一九七九年 キリバス共和国憲法第一二六条、一九九四年 パナマ共和国憲法第三〇五条」と紹介しています。さらに憲法に規定していなくても軍隊を持っていない国が徐々にではあれ増えてきていること……第二次大戦以前に軍隊を保持していなかった国、1960年代までに保持していなかった国、70年代に保持しなくなった国について詳しく言及しています。つづけて「一九八〇年代は、ヴァヌアツ(一九八〇年)、ドミニカ国(一九八一年)、グレナダ(一九八三年）、セントクリストファー・ネヴィス（一九八三年）、ミクロネシア連邦（一九八六年）、マーシャル諸島（一九八六年）である。一九九〇年代は、パラオ（一九九四年）、パナマ（一九九四年）である。……ハイチは一九九五年に国防軍を廃止した」と紹介しています。

この前田さんの研究は大変示唆的です。これらの国々はいずれも国家の規模から見れば中小国家です。しかしながら、「国家は軍隊を持って当然」という議論は現代世界では普遍的意味を持っていないこと、世界では軍隊を持たない国が国連加盟国の15％近くもあること、それが次第に増えてきていることなどの指摘は重要なことでしょう。（日本は非武装を規定する憲法第9条があるにもかかわらず、次第に世界有数の軍事組織である自衛隊を保持するようになりましたが……）

Liechtenstein
Costa Rica
Kiribati
Panamá
日本

コラム3

9条世界会議の成功

2008年5月3日～6日、東京近郊、千葉県の幕張メッセに海外42ヵ国のNGOの代表を含めて2万人を超える人びとが集まり「9条世界会議」が開かれました。会議では討議を経て「戦争を廃絶するための9条世界会議宣言」と「核不拡散条約再検討会議準備委員会に対する9条世界会議の声明」および「G8に対する9条世界会議の声明」が、マイレッド・マクワイアさん（アイルランド）、ワンガリ・マータイさん（ケニア）、ジョディ・ウィリアムズさん（米国）など[※6]、海外の賛同者も含めて連署され、採択されました。

この会議で、1999年のハーグ世界平和市民会議のリーダーのコーラ・ワイスさん（米国）は「世界は9条を求めている」とあいさつしました。

1999年5月のハーグ世界平和市民会議は、歴史上初めて開かれた平和のための国際会議「ハーグ世界会議」[※7]を記念してオランダで開催され、世界100ヵ国から約1万人の平和運動家が集いました。そして「公正な世界秩序のための基本10原則」を採択しました。その第1条は「各国議会は、日本国憲法第9条のように、政府が戦争をすることを禁止する決議を採択すべきである」と述べていまし

※6　マイレッド・マクワイア、ワンガリ・マータイ、ジョディ・ウィリアムズ
3氏ともノーベル平和賞受賞者。また、ノーベル平和賞を受賞した女性たちの助成・融資でつくる団体「ノーベル女性の会」(Nobel Women' s Initiative)のメンバーでもある。

た。その市民が発した声は、2003年、全世界で数千万の市民が立ち上がったイラク戦争反対運動などを経て、東アジアの端《はし》の9条を持つ国、日本で開かれた「9条世界会議」につながったのです。

その後も、平和を求める市民の国際的な運動はつづいています。2010年12月2日、GPPAC東北アジア(コラム4参照)は朝鮮半島情勢に関する声明を発表しました。北朝鮮による延坪島砲撃事件[※8]以後、ソウル、東京、北京、上海、台北、ウラジオストックのNGOが緊密に協議を行い、この声明をまとめました。

「声明」の主要な点は以下の通り。

1. 北朝鮮と韓国は今すぐあらゆる軍事行動を止めること。
2. 両国政府は対話のための作業を開始すること。
3. 事件で何が起きたのかを国際的に調査を行うこと。
4. 各国は軍拡競争に走らないこと。
5. 北朝鮮と韓国は非武装地帯を設置し拡大すること(2007年10月4日の南北サミットは、今回の紛争地域[海上]に、平和協力地域という名の非武装地帯を設置することを求めている。それを実施すること)。

※7 ハーグ世界会議
ハーグ世界平和市民会議の100年前である1899年に第1回が、1907年に第2回が、ともにオランダのハーグにおいて開催された。軍縮に関する問題は討議されなかったが、国際紛争平和的処理協約や毒ガスの使用禁止宣言などを採択した。万国平和会議ともいう。

6．市民社会が重要な役割を果たすべきこと。 Ⓚ

コラム4

GPPACの運動

2001年、国連のアナン事務総長（当時）が「紛争予防における市民社会の役割が大切」と述べ、世界の紛争予防に関するNGO国際会議の開催を呼びかけました。これに応えて発足したプロジェクトがGPPACです。これはGlobal Partnership for the Prevention of Armed Conflict（＝武力紛争予防のためのグローバルパートナーシップ）の頭文字をとったものです。

現在、欧州紛争予防センター（ECCP）を国際事務局とし、世界各国のNGOが15の「地域プロセス」に参加しています。東北アジアでは「GPPAC東北アジア」があり、日本のNGOのピースボートなどが事務局を担って活動しています。

2005年、国連本部で開かれた118ヵ国、900人以上が参加したGPPACの会議で確認さ

※8 **延坪島《ヨンピョンド》砲撃事件**
2010年11月23日に、北朝鮮と韓国との軍事境界線近くにある島、大延坪島《テヨンピョンド》近海において起きた、朝鮮人民軍と韓国軍による砲撃戦とそれを発端とする北朝鮮・韓国間の緊張の高まりなどの一連の事件のこと。

れた「世界行動宣言」は、「世界には、規範的・法的誓約が地域の安定を促進し信頼を増進させるための重要な役割を果たしている地域がある。例えば日本国憲法第9条は、紛争解決の手段としての戦争を放棄すると共に、その目的で戦力の保持を放棄している。これは、アジア太平洋地域全体の集団安全保障の土台となってきた」と述べて、憲法第9条を高く評価しています。

市民みずからが、国境を越えて手をたずさえ、平和をつくり出す運動に取り組むこと、これも21世紀の世界の平和運動の大きな特徴でしょう。Ⓚ

コラム5

平和憲法を体現して、世界で活動する日本のNGO

2001年9月11日、同時多発テロ攻撃を受けた米国は「テロリストをかくまっている」という口実でアフガニスタンに報復戦争を仕掛けました。そして2003年3月には「大量破壊兵器を隠している」としてイラクに攻撃を開始しました。その結果、アフガニスタンとイラクの国土は破壊され、多くの市民が犠牲になりました。日本政府(自民党の小泉政権)はただちに米国の戦争を支持しました。

そのイラク戦争の最中、人道支援の日本人ボランティアの若者3名が現地武装勢力の人質にされました。日本の政府とメディアの一部の人びとは「若者の行為は無謀で、自己責任だ」といい、若者たちへのバッシングが始まりました。

しかし、平和憲法を持つ国の政府が米国の報復戦争を支持したことは憲法違反であり、若者たちはまさに憲法第9条の体現者であったのです。若者たちに連帯し、政府に自衛隊派兵を中止せよとせまる市民運動も起こりました。

市民が日本政府を相手取って起こした自衛隊イラク派兵差し止め訴訟では、2008年4月17日、名古屋高裁でイラクでの自衛隊の活動を違憲とする判決が下され、同年5月2日に確定しました。高等裁判所の判断として確定したことは極めて重要です。平和憲法の力を発揮させたのです。

今日なお、アフガニスタンでは米国やNATO(北大西洋条約機構)軍による戦争がつづいています。日本のNGOであるペシャワール会や日本国際ボランティアセンターの人びとは、戦争の犠牲にされているアフガニスタンの民衆支援活動を続けています。Ⓚ

コラム6

沖縄の9条の碑《ひ》

沖縄は、第二次大戦で日本軍部によって「捨て石作戦」の犠牲にされ、悲惨な沖縄戦を体験しました。さらに戦後も米軍統治下におかれ、平和憲法下にある日本への復帰を求めてたたかいました。しかし、日本復帰を果たしたものの平和憲法の理念の実現とは大きく異なり、広大な米軍基地は残され、いまなお沖縄は、復帰前と同様に基地の犠牲と負担を強いられています。沖縄の人びとはその歴史の経験から、平和の尊さをしっかりつかみ、憲法第9条の実現をめざしてたたかい続けています。

2007年6月23日、沖縄県の南風原《はえばる》町と宮古島市で、同時に「憲法9条の碑《ひ》」の除幕式がありました。これで同県内の9条の碑《ひ》は6ヵ所になりました。那覇市が戦後40年を記念し、1985年に建立したのをかわきりに、読谷村《よみたんそん》、西原町、石垣市に建っています。

南風原《はえばる》町では住民から、250万円の募金が集まりました。9条の碑《ひ》には、沖縄から世界に9条を広めたいという願いを込めて英語・中国語・ハングルで9条の文言が刻まれています。

石垣市の碑《ひ》は、わざわざ中国大陸から運んできた石に9条の文言を刻みました。石垣市の9条の会の人は「日中戦争の反省も含めて、碑《ひ》は中国の石に刻みたかったのだ」と語りました。

9条からもっとも遠くにおかれた沖縄の人びとが、切実に9条を求めている「9条の碑《ひ》」運動から、私たちは多くのことを教えられます。Ⓚ

コラム7

カナリア諸島の9条の碑《ひ》

アフリカ大陸北西部の大西洋に浮かぶ7つの小さな島々、スペイン領カナリア諸島のグラン・カナリア島テルデ市（人口約9万人）の「ヒロシマ・ナガサキ広場」に「日本国憲法第9条の碑《ひ》」があります。広場の広さは約400平方メートル。そこにタイル貼りの高さ3メートル、幅2メートルの碑《ひ》が建てられ、スペイン語に訳した日本国憲法第9条が記してあります。

テルデ市議会はスペインのNATO（北大西洋条約機構）加盟に反対して、非核都市宣言を決議しました。この過程で、憲法第9条を知った市長は議会に広場と碑《ひ》の建設を提案し、可決されました。広場と碑《ひ》は1996年1月に完成しました。その落成式では広島市長と長崎市長のメッセージも紹介されました。憲法第9条はこんなに遠く離れた島の人びとを感動させ、その軍事同盟反対、非核都市宣

言の運動を勇気づけたのです。Ⓚ

Q3

軍隊がなくても、国を守ることができるのですか？

A3

軍隊がなくても国を守ることは十分可能です。

ある日、目が覚めたら戦争が起こっていたということはありえません。戦争には、必ずきっかけとプロセスがあります。では、戦争が起きる諸条件や原因などを挙げてみましょう。

①軍需産業と政治の癒着は、戦争を容認する基本構造です。

元軍人で後にアメリカ大統領となったアイゼンハウアーは、「これからの国家の大きな問題は、軍需産業と政界の結びつきである」と警告しました。たとえば近年、軍需産業の元締めといわれるチェイニーが、ジョージ・W・ブッシュ政権の副大統領に就任した後、アメリカはアフガニスタンそしてイラクに攻め入りました。そうした事実がこの警告の正しさを示しています。

日本でも、最近は経団連と民主党政権が武器輸出三原則の見直しを提言・検討しています。危険な信号です。

②独善的な愛国主義教育も、戦争を容認する風潮を生みます。

国を愛するという気持ちは、自然に生まれてくるものです。人を愛するのと同じで、上からの命令や教育だけで愛の心は生まれません。19世紀に各国が、さかんに自国の英雄伝説や愛国心を高める教育を行いました。いのちの大切さを教えず、自分たちの民族や国家だけが優れているというナショナリズム高揚のための教育を徹底していった結果、20世紀は戦争の世紀となり、人類は二度の世界大戦の辛酸《しんさん》をなめることになりました。日本でも、最近は愛国心教育の必要が叫ばれていますが、これは憲法第9条をなくして戦争のできる国家につくり変えようとする動きと無関係ではありません。

③差別と貧困、格差、そして無知（相手に対する無理解）なども戦争の原因です。

さて、戦争が起きる諸条件や原因について述べましたが、国を守るためにはこれらを改善することと同時に、日常的な努力が重要です。近隣諸国との友好関係を築き、問題が生じた時には国連や国際機構を活用した粘り強い外交努力で話し合いによる平和的な解決を進めることが、国を守ることになります。私たちは、憲法の前文にあるように、いずれの国家も自国のことのみに専念してはならないのであって、国際社会の一員として生きる決意が大切です。軍備拡張競争によって地域の緊張状態(戦争への危機)を高めるのではなく、大切な国民の税金は国民の生活のために使うのが民主国家・平和国家の歩むべき道です。核の時代の戦争は、勝者も敗者もない地球滅亡への道です。

コラム8

戦争違法化の歴史

有史以来、人類の歴史は戦争の歴史であったといわれることがあります。しかし同時に、戦争を押しとどめるための努力がさまざまに行われてきたのも事実でしょう。特に近代以降、その努力は一層強められてきました。世界的には、１９４５年10月発足の国際連合が現代における到達点です。その後、ヒロシマ・ナガサキという大きな犠牲を経て制定された日本国憲法第９条は、国連憲章の戦争違法化の思想を一層徹底させたものといえます。第９条の人類史における先駆的意義はここにあります。

古代においては略奪戦争だったものが、中世には「神の意志」の名による「正戦論」で正当化されました。しかし、侵略と殺戮《さつりく》の戦争を正当化した「正戦論」は矛盾だらけでした。そこで次に登場したのが「無差別戦争」を非難し、「ルールに則った戦争」を正当化する主張です。

しかしこれも、第一次大戦のように航空機、戦車、毒ガスなどが登場し、市民も巻き込む総力戦が行われるようになると、莫大《ばくだい》な犠牲が生じたため、戦争に反対し、平和を求める声は一層強まり、１９２０年代に国際連盟が生まれました。国際連盟規約は自衛権を例外とした上で「戦争は違法」という原則を打ち出します。

ファシズム勢力を中心とした枢軸国と連合国という世界を二分した第二次大戦は、死傷者5600万人という膨大な犠牲を出します。その後国際連合が発足し、国際連合憲章で戦争が違法化されますが、憲章のなかでは米国などの要求で、集団的自衛権[※9]などが容認されます。その後、ヒロシマ、ナガサキに原爆が投下されることになりました。

人類は国連憲章のもとで、完全な戦争違法化には到達していませんが、戦争を完全に否定した日本国憲法第9条を得ました。まさにその戦争違法化の流れこそが人類の歴史なのではないでしょうか。

Ⓚ

コラム9

拡大する世界の非核兵器地帯

地球上から戦争をなくすという目標は、ともすると実現不可能な夢のようにいわれることがあります。しかし、本当にそうでしょうか。大国が人類を何回も絶滅できるほどの核兵器を持つ（現在は約2万発）ようになった現代で、非核兵器地帯設定の運動が広がりをみせていることは、あまり知られ

※9　**集団的自衛権**
急迫不正の侵害を排除するために武力を行使する、国際法上の権利を自衛権という。国内法上の正当防衛と同様の考え方。自国が直接攻撃されていない場合でも、同盟など密接な関係にある他国への武力攻撃などを実力で阻止する権利を集団的自衛権といい、自国に対するもののことを個別的自衛権という。

ていません。

非核兵器地帯条約とは、地域内の国々が条約を結んで核兵器の製造、実験、取得などをしないことを約束するものです。さらに地域内の国々に対する核兵器の使用や威嚇《いかく》も禁止されます。これは核兵器で核兵器に対抗するという「核抑止力」論や「核の傘」論によってではなく、「非核の傘」で平和と安全を守ろうとするものです。これが全世界を覆うとき、核戦争も封じられ、核の廃絶が現実のものとなり、戦争そのものがなくなる時代に大きく前進できるでしょう。

世界で多くの地域が非核地帯となりつつあるなかで、いまだに冷戦の遺物が残っている北東アジア地域（日本や朝鮮半島を含む。コラム19参照）をはじめ、非核兵器地帯の地球規模への拡大が求められています。

いま世界の非核兵器地帯条約には「南極条約」（1959年12月署名、1961年6月発効）、ラテン・アメリカおよびカリブ海地域における核兵器禁止条約「トラテロルコ条約」（1967年2月署名、1968年4月発効）、南太平洋非核地帯条約「ラロトンガ条約」（1985年8月署名、1986年12月発効）、東南アジア非核兵器地帯条約「バンコク条約」（1995年12月署名、1997年3月発効）、アフリカ非核兵器地帯条約「ペリンダバ条約」（1996年4月署名、2009年7月発効）、中央アジア非核兵器地帯条約「セミパラチンスク条約」（2006年9月署名、2009年3月発効）、「モンゴル非核兵器地帯地位」（1992年署名、1998年12月発効）があります。Ⓚ

コラム10

宗教間の争い

民族間の争いや宗教宗派の争いが絶えませんが、キリスト教は、その初期において絶対非暴力主義でした。歴史家は、西暦300年までのキリスト教の史料のなかに、信徒が兵士になることを認める文書は発見されていないといっています。ローマ帝国の国教になって以来戦争を容認するようになり、やがて十字軍を生み出す好戦的な教会へと変容していきます。政教分離の必要性はこのようなところにも見られます。

現代においてもキリスト教の原理主義者は、ジョージ・W・ブッシュ大統領を支持し、アフガニスタン戦争、イラク戦争へと駆り立てました。これを迎え撃つイスラム原理主義者もいます。私たち日本にも、他宗教や他宗派を攻撃する排他的仏教があります。宗教は、違いを尊重して共存を志向し、

人びとに平安と癒しを与えるものでなければ支持を得られないと考えられています。Ⓜ

コラム11 戦争によるPTSD(心的外傷後ストレス障害)

イラク戦争の戦場で戦った兵士の多くが、心的外傷後ストレス障害＝PTSDに苦しんでいます。激しい恐怖と緊張の連続から、金切り声をあげてすすり泣く・金縛り状態で動けなくなる・感情が麻《ま》痺《ひ》して無言無反応になる・健忘症になるなど、ヒステリーの症状を示すのです。そして、自殺者も多数出ています。

第一次世界大戦後に、数千人の兵士が病んだため広く知られるようになりました。日本では、2007年にテロ特措法・イラク特措法により海外に派遣された自衛隊員のなかに16人の自殺者が出ています。戦場は人を殺し、さらに、生き残った者の精神をも破壊する場なのです。

日本の戦争体験世代は高齢化し、少数派となりました。戦争は絶対避けねばならないという声が小さくなりつつあります。戦争体験世代でありながら軍拡を主張する人びとの多くは、悲惨な戦場体験がない人であることに注目すべきです。戦争を避けるために、悲惨な戦争の体験が、貴重な記憶として語り継がれることが大切です。Ⓜ

コラム12

安部磯雄《あべいそお》の平和論

「安部磯雄《あべいそお》先生はかつて、『日本一国が正義のために滅びることがあってもよいではないか』といっておられた」と、同志社大学の総長を歴任された方が学生たちに教えていました。40年以上前のことでしたが、当時学生であった私は、随分過激な発言だという印象を受け、心に刻んでいました。

安部磯雄は同志社で新島襄《にいじまじょう》から洗礼を受けたクリスチャンでしたから、聖書の「イエスは、私たちのために、命を捨ててくださいました。そのことによって、私たちは愛を知りました。だから、私たちも兄弟のために命を捨てるべきです」という言葉が念頭にあったと思われます。

核の時代に生きる私たちは、テロ攻撃や人的ミスによって核兵器の犠牲になる可能性を否定できません。もちろん、核戦争の脅威もあります。しかし、だからといって核兵器で反撃するならば大量殺《さつ》戮《りく》となり、人類の破滅につながる危険性があります。個人の場合と国家を同一視はできませんが、武器携帯を認めるアメリカでは銃による殺人事件が多発していますし、国境を接する二国が戦争に備えて警戒を強めれば、緊張が高まり戦争の危機が増大します。

武力を持たないということはその地域の緊張を緩和させ、戦争の危機を遠ざけるということです。

一方が核武装すればもう一方もそうせざるをえないというのは国際社会の常識です。日本国憲法が世界の平和にとって「宝」であるという意味はここにあります。平和のための緩衝地帯をつくり、人類のあるべき姿を先取りしているのです。

これは極論《きょくろん》のように受け取られがちですが、私たちは万一、外国が侵入してきたとしても、武力によらずに占領政策を失敗させて撃退することは可能であることを知っておくべきです。核兵器の時代に、人類が生きのびる道は、戦争を避けることにしかないのです。

安部磯雄は、早稲田大学野球部の部長を長年つとめ、学生野球の発展に尽くしたことで知られていますが、日露戦争に反対したキリスト教社会主義者としても足跡を残しました。Ⓜ

Q4 北朝鮮や中国に関する報道を目にすると、日本の今後が心配です

A4 日本の自衛隊は、1991年のソ連（現ロシア）崩壊以後、ソ連を仮想敵とする「北方シフト」から、中国・北朝鮮に対峙する「西方シフト」に転換したといわれています。海上自衛隊は2000年以後、過去最大規模の空母※10「ひゅうが」や「いせ」を建造しました。アメリカは2005年の在日米軍再編で、陸軍の司令部を08年までに神奈川県の座間に移しました。日本はアメリカとともに北東アジアの緊張を高める状況を作っているのですから、中国や北朝鮮を責めるだけでは一方的といわれてもしかたがありません。

日本が日米安保条約を強化して憲法第9条を廃止すれば、中国は軍備を一層増強し、ロシアを含む旧ソ連諸国との間の軍事同盟（上海協力機構※11）を強化するでしょう。その結果、軍拡競争が熾烈《しれつ》になり緊張が高まり続けることになります。環境破壊が進み、水不足や食糧危機などさし迫っている事態に取り組まず

※10 **空母**
航空機を搭載し、それを発着させる飛行甲板や格納庫を備えた軍艦のこと。第二次大戦から戦艦に代わって海上兵力の中心を占めるようになった。航空母艦。

※11 **上海協力機構**
中国、ロシア、カザフスタン、キルギス、タジキスタン、ウズベキスタンの６ヵ国による多国間協力組織。

して、軍拡競争に無駄な資金や労力を浪費して良いはずはありません。

経済大国となった中国は、日米が独自に台湾問題[※12]や民族問題[※13]、領土・領海問題に介入しない限り戦争を仕掛けてくる可能性はありません。これは、世界の常識です。北朝鮮は、中国の後ろ盾がなければ韓国を飛び越えて日本に戦争を仕掛ける力はありません。

軍事力の均衡で平和を求めるのではなく、人間同士の友好的な交流と相互理解で平和を構築することが求められています。

※12 台湾問題

中国では第二次大戦後に激しい国内内戦が起こり、毛沢東《もうたくとう》率いる中国共産党が1949年に本土を制圧。中華人民共和国を建国した。これと対立していた蒋介石《しょうかいせき》率いる中華民国政府は、台湾に逃れ、独立自治を進めるようになる。以来、台湾は国際的には中華人民共和国の一部として認定されているものの、中華民国によって実効統治されている。台湾問題とは、台湾の政治的地位や主権帰属をめぐる両政府間の政治問題のことをさす。

コラム13

真の愛国教育とは

自国を守るため、または正義の戦争のために敵の街を破壊し殺人を犯すことと、みずからが犠牲になっても、自国と世界のために戦争に反対し破壊と殺人に加担しないこと、どちらを正しいとするのが真の人間教育でしょうか。国際社会の一員として生きる日本国民の愛国教育は、世界的な視野に立つ人間愛教育でなければなりません。

現代の社会は、一人だけでは生きていけず、一国だけでは平和も実現しないという相互依存の関係によって成り立っています。現代の戦争は、政治の貧困と外交の失敗から起こるといわれています。いのちと人権を尊重し、国家や民族の壁を乗り越えて共生する道を学ぶことが現代の愛国教育として求められているのです。Ⓜ

※13　**中国の民族問題**
中国の西端に位置する新疆《しんきょう》ウイグル自治区、中国の西南端に位置するチベット自治区、中国の北沿に位置する内モンゴル自治区などに居住する少数民族との間にも様々な問題を抱えている。

コラム14

戦争に導く偏狭な愛国主義

日本は、尖閣《せんかく》諸島の領有権をめぐって中国・台湾と対立しています。中国側での反日運動の報道で、私たちは、どこの国にも偏狭な愛国主義者がいることが分かります。このような人びとの声が世論となった時には、小さな事件をきっかけに戦争が起こりかねません。

自分たちは他国や他民族より優れているという愛国主義教育は、戦争遂行のための教育です。過去の過《あやま》ちを反省材料とする歴史教育や、他国や他民族との共生を考える平和教育が、平和を維持するために求められているのです。国家間の紛争は、時間がかかっても話し合いによって解決されねばなりません。

最近の日本のメディアは、「尖閣《せんかく》諸島は日本固有の領土である」と国民の愛国心を煽《あお》るばかりで、「明の時代から中国が支配しており、日本が日清戦争によって奪ったのだ」という相手方の主張を冷静に報道することがなかったのではないでしょうか。いたずらに、固有の領土であるとして愛国心をかき立てる報道は、かつてのアジア・太平洋戦争時の日本の報道のあり方についての反省が生かされていないように思われます。Ⓜ

コラム15

南京大虐殺

1937年当時の中国の首都は南京でした。蒋介石《しょうかいせき》率いる中国の正規軍（国民党軍）は、日本軍との決戦を避けて撤退、10余万の防衛軍を残しましたが、南京は日本軍に占領されました。その後の数週間に日本軍は、中国の兵士と一般人を殺害、放火や強姦《ごうかん》、略奪などを行いました。統計の取り方にはいろいろありますが、被害者は10数万とも30万ともいわれています。南京大虐殺は、日本がアジア解放のための戦争と宣伝《プロパガンダ》した大東亜戦争の本質を示す事件でした。

そうしたことは世界中に知れわたっていましたが、報道管制下の日本国民にはまったく知らされておらず、今でも日本国内には、被害者の人数や写真など中国側の資料が正確ではないとの理由で、事件そのものを全面否定する出版物や報道があります。しかし、中国には、生き残ってこの日本軍による暴虐行為の目撃証言を続けている人びとがおり、中国、韓国、日本の歴史家による共同研究の成果をもとに出版された日中韓3国共通歴史教材委員会編著『未来をひらく歴史』（高文研）にもこの事実は記されています。

歴史の事実を受け入れて、過《あやま》ちを繰り返さないことこそ歴史を学ぶ意義です。Ⓜ

コラム16

マニラ市街戦

第二次世界大戦末期の1945年2月3日から同年3月3日まで、フィリピンの首都マニラで日本軍と連合国軍[※14]の間で激しい市街戦が繰り広げられました。日本軍は敗れ約1万2000人の、米軍は約1000人の戦死者を出しました。

日本軍の敗戦により、3年におよぶ日本のフィリピン支配が終わりました。約5800人の連合国軍捕虜と約3800人のフィリピン人囚人が解放されました。

忘れてならないのは、この市街戦で10万人のフィリピン一般市民が巻き込まれて死んだということです。今も、フィリピンでは国家的悲劇として語り継がれています。

アジア解放というプロパガンダで、日本国民を駆り立てた戦争の深い傷跡は、今もアジアの各地に残されています。Ⓜ

※14　**連合国軍**
第二次大戦における連合国軍とは、日本・ドイツ・イタリアなどの枢軸国から宣戦布告を受けた国、枢軸国に宣戦布告をした国、および1942年の連合国共同宣言に署名した国による国家連合のこと。この市街戦において日本軍と交戦したのは、米軍およびマニラ海軍防衛隊(フィリピン)。

コラム17

731部隊

日本軍には、日中戦争当時から陸軍軍医中将・石井四郎が率いる731部隊（正式名は関東軍防疫給水部本部）という細菌兵器や生物化学兵器開発を目的とした特殊部隊がありました。この部隊は、中国大陸で中国人や朝鮮人を「マルタ」と称して人体実験を行いました。これは、1925年のジュネーヴ議定書[※15]に違反する行為です。病原菌を注射したり、凍傷の実験などで多くの人命が奪われました。

終戦時、隊員たちは家族とともに護衛付きで帰国しました。戦後は、その実験データを米国に引き渡すことで、関係者の多くが戦犯を免れました。これが、アジア解放のためといわれた戦争のなかで行われたことなのです。

最近では、薬害エイズ事件[※16]を引き起こしたミドリ十字の設立者が731部隊の関係者だったことが知られています。Ⓜ

※15　**ジュネーヴ議定書**
戦争における化学兵器や生物兵器などの使用禁止に関して定めた国際条約。1925年にジュネーヴで作成され、1928年発効。

※16　**薬害エイズ事件**
1980年代に、主に血友病患者に対する治療で、ＨＩＶに汚染された血液製剤を使用したことにより多数のＨＩＶ感染者およびエイズ患者を生み出した事件。

コラム18

日本人の戦争責任

アジアの一般市民に2000万人以上の犠牲者を出したアジア・太平洋戦争を、「侵略ではなくアジア解放のためであった」と、戦争責任を回避するかのような記述のある『新しい歴史教科書』が文部科学省の検定に合格し、近隣諸国から批判を浴びました。

1945年に敗戦を迎えた東京で、連合国により極東国際軍事裁判（東京裁判）が開かれました。連合国のイギリス、オーストラリア、ソビエト連邦（現ロシア）、中華民国（台湾）は、昭和天皇の戦争責任を追及しようとしましたが、連合国軍最高司令官のダグラス・マッカーサーは、対日占領政策をスムーズに行うために天皇を利用しようとする政治判断があったため訴追しませんでした。

侵略を受けたアジア諸国では、今でも昭和天皇が戦争責任者として、また憎悪の対象として記憶されていることが少なくありません。

日本では、1990年に起きた本島長崎市長（当時）の狙撃事件[※17]など、暴力による報復が激しいために昭和天皇の戦争責任問題はタブー視されています。

極東国際軍事裁判については、戦勝国による一方的な裁判であるとの批判があります。その反面、

※17　**長崎市長銃撃事件**
1988年12月の長崎市議会で、当時の長崎市長であった本島等が「昭和天皇にも戦争責任はあると思う」と発言。折しも昭和天皇の容体が悪化し、天皇の評価に関する言説に対して自粛ムードの漂うなかでの発言だった。ほぼ1年後の1990年1月、長崎市役所前で公用車に乗り込もうとしたところを、右翼団体幹部に背後1メートルの至近距離から銃撃され、本島市長は全治1ヵ月の重傷を負った。

日本人自身による戦争責任の追及がまったくなされていないのも事実です。

　日本人として悲しい事実ですが、外国人と接する場合には戦争の歴史を知っておく必要があります。私たちは、日本人として素晴らしい文化や伝統を受け継いでいますが、同時に戦争責任などの負の遺産も受け継がねばならないのです。Ⓜ

Q5

外国が日本を攻撃してくることはありませんか？

A5

日本国内では最近、北朝鮮と中国の脅威論がさかんです。この背景には、日米の軍事同盟を強化しようとする人びとの意図があります。

アメリカの一国支配に対抗する必要から、中国とロシアの結びつきは、上海協力機構に見られるように次第に強化されつつあります。このような情勢を冷静に見るならば、日本の採るべき道は、アメリカとの同盟関係を強化して軍事大国を目指すことではなく、憲法の平和主義の理念を堅持して、アジアに軍事的緩衝地帯をつくり、北東アジアに平和共同体を建設することではないでしょうか。それによって日本は、アジア諸国からの尊敬を得て、国際社会で主要な地位を確保できるはずです。そうでなければ、日本を追い越して世界第2位の経済大国となった中国との無意味な軍拡競争になってしまいます。

本当に警戒すべきは外国の軍隊ではなく、原発がテロの標的にされることです。ですから、アメリカと一緒に戦争に出かけて、自爆テロを誘発するような恨みを買うことこそ避けねばならないのです。

「外国が攻撃してきたら」と考えるのではなく、「外国からの攻撃がないように」世界の人びとの前に平和憲法を高く掲げることが安全を得る道なのです。平和憲法は、日本人が平和のために貢献することを目指しているのですから。

コラム19

北東アジアに残る冷戦構造、戦後処理の未解決

1945年、日本が関わった戦争は終わりました。1951年に日本は連合国側と、サンフランシスコ平和条約および日米安保条約を結びました。しかしサンフランシスコ平和条約は、中国問題などをめぐり、ソ連（現ロシア）など当時の共産圏の3ヵ国が署名しませんでした。その結果、日本をめぐる戦争処理の問題がいくつか未解決のまま今日まで残されました。ソ連との間には日ソ国交回復共同宣言（1956年）は出されましたが平和条約はなく、現在も北方領土問題など日ロ国境は未確定のまま（ロシアは解決済みと主張）です。中国との間には1972年に日中国交正常化がなされ、その後日中平和友好条約も締結されましたが（1978年）、尖閣《せんかく》諸島問題は事実上、棚上げのままです。韓国とは1965年に日韓基本条約を結び、国交を正常化しましたが、北朝鮮（朝鮮民主主義人民共和国）との国交は正常化しておらず、韓国・朝鮮との間に竹島問題という領土問題が未解決です。

1950年6月〜53年7月に戦争を行った朝鮮半島では現在、一触即発の休戦状態（撃ち方やめ状態）にあるだけで、平和協定は締結されておらず、戦争は終わっていません。そのため、しばしば南北の境界線付近で銃撃や砲撃が起こります（2010年に延坪《ヨンピョンド》島砲撃事件勃発）。北東アジアはいま、世界

で有数の火薬庫、冷戦の遺物が残存している数少ない地域です。

歴代の日本政府は、かつてこの地域で戦争を引き起こし、植民地支配した戦争責任・戦後責任を明確にする姿勢に欠けています。軍隊慰安婦や靖国合祀《ごうし》の問題はその象徴的な例です。そのため、中国や韓国、北朝鮮の人びとからはさまざまな戦争責任・戦後責任の問題で訴訟が起きています。

2009年の自民党から民主党への政権交代後、鳩山首相（当時）は「東アジア共同体」の実現を主張し、その後、うやむやになりました。「東アジア共同体」、その言《げん》やよしですが、これらの問題を解決することなくして、ほんとうの北東アジアの平和はありません。Ⓚ

Q6 軍隊を持つことの何が問題なのですか？

A6 軍隊は、そもそも権力者（王）を守るための存在でした。権力者の地位を脅《おびや》かす国内の反対勢力を鎮圧し、外国の侵略から領土を守る存在です。現代においても軍隊は、第一義的には一般人よりも、国家という権力形態を守るものです。大日本帝国時代の関東軍が、作戦遂行のために中国で日本の一般人を見捨てた事実、沖縄で同じ日本人を殺戮《さつりく》した事実が軍隊の本質を示しています。

軍隊は、その存在自体が周辺国にとって脅威ですから、対抗上、軍事強化が必要ということになって軍事力拡大競争となり、戦争の危険度が増すことになります。また、軍隊は外敵から国民を守ると同時に、国民を弾圧することも可能な諸刃《もろば》の剣です。現代でも軍事政権が多数存在していることがその証拠です。ですから、市民が軍隊を如何《いか》にコントロールするか（シビリアン・コントロール）は、軍隊保有国の重要な課題であり続けるのです。

日本には、世界に先駆けて絶対平和主義の憲法があります。その国が軍隊を持つことは世界の不信を招くことになります。核兵器の時代の戦争は勝者も敗者も利益を得ることはありえません。個人の場合と同様に、勇気を持って素手で相手の懐に入る覚悟に立ち、その上での相互理解と互恵[※18]によってこそ平和が築けるのです。

※18　互恵
お互いに相手に利益や恩恵を与えることをいう。

Q7

日本の自衛隊は軍隊ではないのですか？

A7

朝鮮戦争（１９５０年）の勃発を受け、アメリカは日本政府に再軍備を要請しました。ＧＨＱ（連合国軍総司令部）の支配下にあった日本政府はこの要請を受けることにしましたが、憲法第９条があるので再軍備はできません。そこで、はじめのうち警察予備隊という名で50年に発足させた組織を保安隊と改名し（52年）、やがて自衛隊としたのです（54年）。その名称の変遷には国民を欺《あざむ》く意図が感じられます。外国では、自衛隊のことは軍隊（Army）と認識されていますが、軍隊ではありません。法律上、専守防衛を義務付けられています。

ところが、１９９１年の湾岸戦争停戦後にはペルシャ湾における掃海《そうかい》部隊として自衛隊[※19]が出動し、その後は、国際協力・国際貢献を旗印に米軍などの後方支援と称して、インド洋やイラクなどで作戦軍のために軍需品や兵員を輸送するという戦闘遂行上の重要任務を担うようになりました。このような後方支援

※19　自衛隊ペルシャ湾派遣
1991年の湾岸戦争停戦後に、自衛隊法第99条を根拠として中東のペルシャ湾に海上自衛隊の掃海部隊が派遣され、自衛隊にとっては初となる海外実任務を行った。

を兵站《へいたん》といいますが、これはまぎれもなく戦争参加です。

改憲論者は憲法のほうを実態に合わせようとしていますが、国会での多数を背景に解釈改憲[※20]を押し通すということは、法治国家としてあるまじきことであり、日本政治の汚点です。なお2007年に、防衛庁は防衛省に昇格しました。

※20　解釈改憲
憲法の本文は変えず、ほかの価値観で都合の良いように憲法を解釈し、実質的に憲法を改正すること。

コラム20

自衛隊の災害出動

日本国内では、自衛隊の災害時の人道的援助や救援奉仕活動が評価されています。また、そのような活動が、自衛隊保有の理由づけとされる場合があります。

しかし、災害救援活動（橋を架ける、道路の補修、壊れた建物の除去など）には自衛隊が持たない専門的な知識と技術が必要です。自然災害のためには自衛隊とは別の組織（自衛隊を改組した災害救援隊など）を用意しておくべきです。高価な飛行機や艦船も不要となり、組織維持の経費も格安です。憲法違反の疑いがある自衛隊の海外派遣は避けられますし、国家的野心からではなく、人命尊重の真の国際貢献も可能になります。Ⓜ

Q8 憲法「改正」に向けた動きが活発化しているようですが

A8 平和憲法である日本国憲法が誕生した頃、戦争の惨禍《さんか》に苦しんだ人びとの圧倒的な支持を得ていました。毎日新聞は全国の有識者2000人に「憲法草案」についての意識調査を行いました（『毎日新聞』1946年5月27日付）。「戦争放棄の条項を必要とするか」という問いに対して全体の70％が「必要」と回答、「不要」は28％でした。市民団体が記録したさまざまな戦争体験記を見ても、多くの人びとが「戦争が終わった」ことを歓迎した様子が描かれています。

その後、日米安保条約とその体制の拡大強化がくり返されたなかで、憲法第9条の拡大解釈が重ねられ、自衛隊は世界有数の軍事組織にまで肥大しました。しかし、改憲勢力の執拗《しつよう》な9条「改正」の動きにもかかわらず、今日、第9条はそのまま存在しています。自衛隊はこれまで海外での戦争で人を殺しておらず、また殺されてもいません。

戦争体験者は圧倒的な少数派になりましたが、筆者は平和憲法の恩恵を受けた「戦争を知らない戦後世代」の一員として、この社会の未来を担う人びとに、第9条を無傷のままで手渡したいと思います。それが私たちの責任であり、私たちから次の世代への尊い贈り物だと思うのです。

コラム21

憲法「改正」に向けた東日本大震災以降の動き

未曾有《みぞう》の震災による東京電力福島第一原発事故の収束すらままならない緊張がつづくなか、国会では民主党と自民党の取り引きで、2011年5月18日、参議院憲法審査会の運営手続きを定めた「規程」が強行可決、即日制定されました(本会議で民主党から5人の棄権者が出ました)。まだ委員の選出などが残っていますが、憲法審査会の始動に向けて一歩進められたことはまちがいありません。これは大震災のドサクサのなかで、さまざまな改憲の動きが出ていることと合わせ、軽視できません。

中曽根康弘《なかそねやすひろ》元首相らの「新憲法制定議員同盟」や櫻井《さくらい》よしこ氏らの「民間憲法臨調《りんちょう》」が政府の震災対応の不手際にかこつけて、「憲法に非常事態条項がないのは欠陥だ」という批判を強め、読売新聞も社説(2011年5月4日付)でこの主張を擁護し、「本来なら改憲が要るが、すぐできないなら『緊急事態基本法』をつくれ」などと述べました。「緊急事態法制」には基本的人権を制限しようとする企てがあります。また、民主党や自民党の一部の議員が、「憲法第96条改正をめざす議員連盟」を立ち上げ、改憲発議要件の緩和だけにしぼった改憲を主張しています。さらに橋下徹《はしもととおる》大阪府知事は府の憲法記念行事で「改憲で首相公選を」などと主張しました。

集団的自衛権行使を可能にする「日米同盟」の双務化[※21]という米国の要求は強まっています。この実現のためにはいずれ第9条の改憲は不可避です。いま浮上してきたさまざまな改憲の動きはただちに9条改憲という主張ではありませんが、第9条への世論の支持が大きいもとで、現行憲法をさまざまな角度から欠陥憲法と貶《おとし》めることで、改憲に世論を誘導する狙いがあります。Ⓚ

コラム22

東日本大震災と憲法

3月11日、大地震、大津波、そして過去最大規模の原発事故の3重苦という未曾有《みぞう》の大震災が東日本一帯を襲いました。今回の大震災で2万数千の人びとがいのちを失い、あるいは行方がわからず、10数万の人びとが流浪《るろう》の民のような避難生活を強いられ、原発事故による放射能拡散の影響はいまだに人びとのいのちと暮らしを脅《おびや》かしつづけています。

震災と原発事故について、当局者や東京電力幹部などからは「想定外」という言葉が発せられました。果たして本当にそうでしょうか。本来、震災で被災した人びとのかなりのいのちは救うことができた

※21　**双務化**
双方に同等の義務を課すこと。

のではないでしょうか。地震と津波でいのちを奪われた上に、移動や避難先で高齢者や病人が少なからず倒れ、避難先すらないままに寒さのなかで倒れた人もいます。経済効率最優先の新自由主義の政治が横行《おうこう》するなかで進められた市町村合併や公務員削減の奨励は、被災者の増加に拍車をかけたはずです。

そして原発の事故です。これらも「想定外」の「人災」ではなかったでしょうか。憲法第25条は「すべて国民は、健康で文化的な最低限度の生活を営む権利を有する。2　国は、すべての生活部面について、社会福祉、社会保障及び公衆衛生の向上及び増進に努めなければならない」と明記しています。この条項はこれまでも実行されなくてはならなかったし、今後、被災者に対してはなおさらです。

「健康で文化的な最低限度の生活」とは何か。3・11以後の「くに」のあり方が問われています。大量生産、大量浪費が「美徳」だった従来の価値観の見直しは不可欠です。エネルギーの大量浪費が原発の建設を正当化してきました。そのために「安全神話」が政財官学あげて語られてきました。この社会は、果たして「健康で文化的」であったでしょうか。この現代史の節目に際して、憲法の精神にそって私たちはあらためて省察しなければなりません。

ともあれ、いま、最優先されるべきは、一刻も早くすべての英知を結集して、「レベル7」の危険度に至った福島第一原発の暴走をくい止め、事故を収束させ、すべての被災者を救わなくてはなりません。これは困難な、長期の課題になるでしょう。

そして、第2に必要なことは、「列島改造論」[※22]にも似た前のめりの「復興」の夢物語ではなく、住民の生命、健康、地域社会の保全を最優先させた「復旧」です。自然とすべてのいのちを大切にする「ふるさと」の復旧です。この過程にこそ、生存権をはじめ憲法第3章がいう「基本的人権の保障」の精神が貫徹されなくてはなりません。

さらに憲法第9条の理念を今こそ生かすことが求められています。この大震災の救援で、多くの地方自治体関係の職員や日本全国からの大勢のボランティアとともに、世界各国の救援があり、自衛隊・米軍も救援活動を行いました。これらの活動を目のあたりにして、一部世論では軍事力と日米同盟が礼賛されています。しかし、そうでしょうか。明らかなことは、米軍はその東アジア軍事戦略のなかに今回の救援活動を位置づけていることです。また自衛隊で役立ったのは軍事力ではなく、救援力でした。戦争のための銃やミサイルが役立ったのではありません。今後、憲法第9条の精神にそって自衛隊が災害救助隊に再編されることが望まれます。国の財政から考えてもそうでしょう。日常的な戦闘の装備と訓練から、日常的なレスキューの装備と訓練への再編が重要な課題です。

※22　日本列島改造論
第64・65代内閣総理大臣などを歴任した、田中角栄による主張。日本列島を高速道路や新幹線などの高速交通網で結ぶことで、地方の工業化を促し、過疎・過密などの人口問題や公害問題を同時に解決することをめざした。1972年に同名の著書が刊行され、ベストセラーとなった。

「3・11と憲法」、この視点に立っても、未来の世代に受け継ぐべき教訓がたくさんあります。私たちが次世代に残すべきは、原発と巨額の赤字ではなく、日本国憲法に導かれた希望ある社会ではないでしょうか。Ⓚ

コラム23

震災報道に見るメディアのあり方

東日本大震災では、津波の脅威が映像として世界中を駆け巡りました。お見舞いの言葉や物資、そして義援金が世界中から寄せられました。

しかし、世界の人びとが最も強い関心を持って見守っているのは福島第一原発の事故です。当事者の東京電力と原発の管理責任を負う政府は、しきりに「想定外」を連発するばかりでしたが、これがその場しのぎの言い逃れであったことが明白になりました。いま、国民は自然災害ではなく人災であったことを知るようになりました。

まず、今回のマグニチュード9という巨大地震が千年に一度の「想定外」のものであったと報道されていましたが、戦後だけでも1952年のカムチャツカ地震、1960年のチリ地震、1964年のアラスカ地震、2004年のスマトラ地震、そして今回の東日本大震災と、マグニチュード9以上の巨大地震が5回も起きているのです。そして、日本は世界で最も危険な地震大国の一つとして知られています。

次に、核燃料棒のメルトダウンについて、原発事故当初は津波被害によって起きたと報道されていましたが、東京電力はIAEA（国際原子力機関）が調査に入った後、地震の直後にメルトダウンが起きていたことを明らかにしました。世界の人びとは、地震多発地帯には原発を設置すべきでないことを確認したのです。

さて、戦後の1950年代、広島・長崎の悲惨な被爆体験を持つ日本人は、核に対する恐怖を抱いていました。この核のタブーを払拭《ふっしょく》し、原発の安全神話を作り出すためにみずからが率いるメディアを利用したのは正力松太郎《しょうりきまつたろう》でした。初代の原子力委員会委員長と初代科学技術庁長官を務めた彼は、読売新聞社主であり、日本テレビを設立した人物であり、政治家でもありました。彼は、A級戦犯として収容された巣鴨プリズンを出た後、CIAの意向を受けて活動していたことが、2006年に公開されたアメリカの外交文書によって明らかにされ、反響を呼びました。日本への原発導入もアメリカの意向であり、悪魔の申し子ともいえそうですが、今、幼い子どもたちに被曝による危険が迫っていることを思うと怒りを禁じえません。ともあれ、原発の安全神話が、老朽化した原発の保全作業を妨げてきた事実を見逃すことはできません。

ところで、9・11同時多発テロ以降の戦争報道や3・11以後の原発事故を巡る報道のあり方を見る時、日本の報道が一方に偏っていると指摘されています。世界の市民は今、自国政府や既成のメディアの報道を鵜呑《うの》みにすることをやめ、インターネットを通して海外から自由に情報を得ようとしています。最近、世界各地で起きている民主化を求める運動は、市民の情報ネットワークによって支えられています。インターネットが世界を変える新しい時代を迎えているといえそうです。Ⓜ

コラム24

これからの市民運動

東日本大震災は、津波と原発事故という未曾有《みぞう》の大災害を引き起こしました。まず、地震については東北大学の地質学者が予想し必死に警告を発していました。また、津波については、岩手県の普代《ふだい》という村の堤防と水門が村を救ったことが報道されました。県が当初、国の基準である10メートルの堤防建設を村に提案しましたが、村長が明治時代の津波を教訓に、周囲の批判を退けて15メートルの堤防を築き、これで村が救われたというのです。そして最後は原発事故です。政府や電力会社、そして電力会社から多額の研究費を受け取っている専門家が「原子力発電は安心・安全な次世代のエネルギーです」といってきたことが嘘であったことが暴かれました。政府はしきりに「想定外」を連発していますが、この大災害は人災といえるでしょう。

今回の震災は世界中に原発の脅威を伝えました。各国でエネルギー政策の見直しが行われるようになりました。原発は、事故の際の大量殺戮《さつりく》を容認している点で核兵器と同じあり、自動車や飛行機の事故と同列に考えてはいけません。科学の進歩に伴う事故として、許容されるものではないのです。

また、津波の映像が世界に流され、世界中に救援の輪が広がりました。国際支援団体や、日本がODAで支援している貧しい地域の人びと、そして日本政府が脅威としている中国からも援助物資が送られてきました。自衛隊は、本来の国土防衛の任務があるとして、全面的な被災地支援はしていません。世界中が支援を申し出ているこの時に、どこの国が攻撃してくるというのでしょうか。その感覚は、市民のそれとは乖離《かいり》したものです。自衛隊を、徐々に国土救援隊に改編する時が来ていると感じられます。仮想の敵に対処するより現実の危機に対処するのがことの道理であり、すべての日本人に課せられている務めのはずです。私たち市民は、米国のアイゼンハウアー大統領が警告を発したように、危険や脅威を叫んで軍事費を獲得しようとする軍事産業、それに群がる企業やマスコミ、そしてその庇護《ひご》のもとにある政治家に注意すべきです。

震災支援を見ていると、国家同士は敵対していても市民レベルでは充分理解しあい助けあうことが可能であると感じられます。領土問題はもちろん、すべての紛争は話し合いによって解決されねばなりません。戦争で何かが解決する時代ではありません。戦争を煽《あお》って売り上げを伸ばす新聞をイエロープレス（Yello Press）といいます。私たち日本にも、いま、このようなマスメディアが増えているのではないでしょうか。

世界の市民が情報を共有しあい、国や民族・人種、そして宗教の壁を超えた、地球市民の自覚と連帯の市民運動が今こそ求められています。

9・11はアメリカ一国支配が終焉《しゅうえん》をつげ、国際社会が変革へと踏み出した日となりましたが、3・11は新しい市民運動の始まりを告げる希望の日にしたいものです。Ⓜ

おわりに

民主党政権は２００９年、自民党の長期政権にＮＯを突き付け、国民の期待を担って生まれました。しかし、公約違反や迷走が続き、２０１０年の参議院選挙では大敗を喫しました。民主党政権発足当時は、米軍基地は沖縄に作らない、核持ち込みの密約を追及するとのことでしたが、いまや日米同盟の強化、武器輸出三原則の見直し、さらには非核三原則の見直しまでが公然と語られるようになりました。自民党時代より右傾化しているとの評判が定着しつつあります。

中国・北朝鮮を脅威とする報道が頻繁になされ、ナショナリズムが異常に高揚している今、平和憲法は最大の危機を迎えています。

このような時こそ、若い方たちには情報に流されず自分でよく考えて判断していただきたいと切に祈る思いでこの拙《つたな》い書をお送りします。

高田健氏は九条の会の事務局など日本の市民運動のリーダーの一人ですが、9条アジア宗教者会議でお会いした後、9条世界会議の組織委員に私を加えてくださいました。このたびも、多忙ななかを私の呼びかけに快く応じていただき、一緒に仕事ができたことを大変うれしく、また光栄に思っております。

出版に際し、長年の心の友であり晶文社の役員でもあった内山良彦の支援をいただいたこと、また、適切なアドバイスをいただいた編集担当の倉田晃宏氏と小川一典氏に謝意を表します。

2011年6月

舘 正彦

コラムさくいん

高田 健 Ⓚ

舘 正彦 Ⓜ

著者について

高田健（たかだ・けん）

一九四四年福島県生まれ。一九八六年国際経済研究所設立、同代表。一九九九年「許すな！憲法改悪・市民連絡会」結成。二〇〇四年「九条の会」結成に際して事務局員。二〇〇八年「9条世界会議」の開催に際し、実行委員会事務局員。

著書に『自衛隊ではなく、9条を世界へ』（梨の木舎）、『改憲・護憲何が問題か―徹底検証・憲法調査会』（技術と人間）などがある。

■メールアドレス　kenpou@annie.ne.jp

舘正彦（だて・まさひこ）

一九四二年北海道生まれ。編集者。現在は、国連NGO日本友和会理事、「千葉市九条の会」共同代表、「市民の千葉をつくる会」理事長などを務める。

編著書に『写真集・南京大虐殺』（エルピス、全国学校図書館協議会選定図書）などがある。

中高生《ちゅうこうせい》からの平和憲法《へいわけんぽう》Q＆A

二〇一一年八月一〇日初版
二〇一七年二月二五日五刷

著者　高田健　舘正彦
発行者　株式会社晶文社
東京都千代田区神田神保町一―一一　〒一〇一‐〇〇五一
電話（〇三）三五一八‐四九四〇（代表）・四九四二（編集）
URL http://www.shobunsha.co.jp

印刷　株式会社ダイトー
製本　ナショナル製本協同組合

ISBN978-4-7949-6762-6　Printed in Japan